昔話「力太郎」ユーラシアを翔ける

比較民話学の試み

斧原孝守 著
Onohara Takashi

三弥井書店

昔話「力太郎《ちからたろう》」ユーラシアを翔ける
——比較民話学の試み——

凡例

・本書で利用した主な説話資料は、〔例話1〕から〔例話50〕として示した。このうち広島県安芸郡の〔例話13〕以外は、すべて筆者による梗概である。
・日本の昔話の採録地については、できるだけ採録時点での旧地名も記すようにした。

序章　「ちからたろう」の謎

人間の垢（あか）から生まれた少年が活躍する、『ちからたろう』〈むかしむかし絵本〉（文・今江祥智《よしとも》　絵・田島征三　一九六七年　ポプラ社刊）という絵本がある。

貧しい爺と婆の垢から生まれた「ちからたろう（力太郎）」が、二人の不思議な仲間を引き連れて化け物を退治するという話で、単純ながらおもしろい展開と力強い絵によって、今でも広く親しまれている。

©今江祥智・田島征三／ポプラ社刊

この話はまた、平成四年（一九九二）から同一三年（二〇〇一）まで、十年間にわたって小学校（二年）の国語教科書（光村図書）に採用されており、教室でこの話を読んだ人も多いだろう。

『ちからたろう』は、おおむね次のような話である。

貧しい爺さまと婆さまが、体の垢《あか》（こんび）を集めて人形を作り、「こんび太郎」と名づける。婆さまがお椀にまんまを盛ってやると、こんび太郎は手をのばして食う。喜んだ爺さまと婆さまがまんまを食わせると、こんび太郎はどんどん大きくなる。

こんび太郎は、ものも言わず何年も寝たままだったが、ある日、「おらに百貫目の金棒を作ってけろ」という。爺さまが金棒を作ってやると、こんび太郎はそれを杖に立ち上がり、見上げるような若者になる。爺さまはこんび太郎を「力太郎《ちからたろう》」と呼ぶ。

力太郎は、力試しの旅に出る。町をめざして、のっしじゃんが、のっしじゃんが行くと、向こうから、大きな御堂《みどう》を担いでくる者がいる。「御堂子太郎《みどうっこ》」と名乗り、力太郎の金棒をつかむ。力太郎が金棒を振り回すと、御堂子太郎は松の木の枝先まで飛ばされる。御堂子太郎はいっしょに旅をさせてくれと願い、二人で旅をすることになる。

二人が行くと、向こうから大きな石を転がしてくる者がいる。「石子《いしこ》太郎」と名乗る。御堂子太郎が相手をするが、勝ち負けが決まらない。そこで力太郎が石子太郎を放り投げると、石子太郎は石くずの中に首まで埋まってしまう。石子太郎も同じように仲間に加わる。

やがて三人は大きな町に着く。長者の館《やかた》の前で一人の娘が泣いている。わけを聞くと、年に一度大きな化け物がやってきて、娘を一人ずつさらい、田畑を荒らしてゆく。今年は自分の番だという。三人は自分たちが化け物を退治してやると言い、化け物を待ち受ける。

夜になると大きな化け物がやってくる。御堂子太郎がぶつかって行くが、化け物に呑み込まれる。次に石子太郎が組みつこうとしたが、石子太郎も呑み込まれてしまう。

そこで力太郎が組み合ったが、勝負がつかない。力太郎が下から化け物を蹴り上げたところ、化け物は御堂子太郎と石子太郎を吐き出すと消えてしまう。

町の人が出てきて礼をいう。三人は釜いっぱいのまんまを炊いてもらい、それをたいらげる。三人はその町で暮らすことになり、力太郎は助けた娘といっしょになり、他の二人も村の娘といっしょになって暮らす。

この話は、実際に口承（口伝え）で伝わっていた「力太郎」という昔話をもとに、児童文学作家の今江祥智（一九三二〜二〇一五）が再話したものである。元になった「力太郎」という昔話は、さぞや有名な話だと思われるかもしれないが、実はそうではない。

「力太郎」は、日本の昔話としてはかなり珍しい話である。今までに岩手県を中心に数話が採録されているにすぎず、しかもその多くは戦前の採録である。生きた伝承は、今ではほとんど衰滅したといってもいいだろう。絵本になることがなければ、「力太郎」は教科書にも採録されず、おそらく東北地方に伝わる珍しい昔話ということになっていたに違いない。

本書は、この「力太郎」という、東北地方に実際に伝わっていた昔話について、これを比較昔話研究（比較民話学）の方法によって、そのユーラシア的な背景を探ってみようというものである。

このように言うと、東北地方でわずかに伝わっていた昔話に、どうしてまたユーラシア的な背景があるのか、と不思議に思われるかもしれない。ところが「力太郎」は、たしかにユーラシアにつながっていたのである。

次の話を見ていただきたい。これは、ヒマラヤ山脈東部の小国、ブータン王国に伝わる昔話である。

怠け者の息子が、両親に大きなキセルと刀を作ってもらい、「キセルの勇者」と名乗って旅に出る。途中で大きな石を割っている男と、ふくらはぎで川をせき止めている男に出会い、仲間にする。三人は森の中で化け物と出会う。石を割る男が化け物に近づくと、化け物は彼を左の膝で抑え込んでしまう。次にふくらはぎの男が近づくと、化け物は彼を右の膝で抑え込んでしまう。そこでキセルの勇者は、燃えている丸太で化け物を焼き殺し、仲間を救い出す。キセルの勇者は化け物に捕らわれていた娘も救い出し、その娘と結婚する。**【地図1—A】**（出典は第六章参照）

ブータンの「力太郎」、とでも言いたくなるような話である。さすがに垢から生まれるわけではないが、主人公が両親に作ってもらった物をもって旅立つところなど、「力太郎」にそっくりである。

しかもそれだけではない。旅に出た主人公の前に二人の怪力の男たちが現れ、主人公のお供をしていっしょに旅を続けるところや、さらにその二人の仲間がそろって化け物に負けてしまうところまで「力太郎」と一致している。そして主人公はみごとに化け物を退治して仲間を助けだし、さらわれていた娘と結婚するのである。

次の例を見よう。

広大なユーラシア大陸のいちばん東の端、北東シベリアから南に向かってカムチャツカ半島が伸びている。その北部に、漁労・トナカイ放牧を生業とするコリャク（コリヤーク）族がいる。この人口一万人にも満たない民族のあいだにも、次のような話が伝わっていた。

カラスの妻が熊の子を生む。「クマの耳」と名づけられる。クマの耳はあまりに乱暴なので、父に家を追い出される。クマの耳が一人で狩りをしていると、手のひらに森をのせて運んでいる男、手のひらに山をのせて運んでいる男と出会っていっしょに暮らす。「森を運ぶ者」が一人で食事の用意をしていると、やってきた化け物に打ちのめされる。次に「山を運ぶ者」も同じ目にあう。そこでクマの耳が化け物を待ち受けて打ちのめす。翌朝、化け物が運んできた山で、三人の家の戸がふさがれている。クマの耳は、もっと大きな山で化け物の家の戸をふさいで仕返しする。【地図1―B】（出典は第六章参照）

主人公の「クマの耳」は、カラスが生んだ熊の子、つまり異常誕生児である。家を追い出された「クマの耳」の前には、やはり二人の怪力の男たちが現れて仲間になる。やがて現れた化け物に二人の仲間はそろって負けてしまうが、「クマの耳」が化け物を懲らしめるのである。もっとも、この話では主人公が化け物にさらわれていた娘と結婚するという結末にはならないが、主人公が異常誕生児であるところは、ブータンの「キセルの勇者」よりも日本の「力太郎」に似ている。

最後にもう一つ、興味深い類話を紹介しておこう。

怪力で乱暴な息子がいる。父親は息子を殺そうとするが失敗する。父の気持ちを知った息子は、金棒を作ってもらい、それを持って旅に出る。途中で足に石臼を付けた狩人、背中で岩を支えている男、七つの鞴《ふいご》と風車を鼻息で動かしている男と出会い、仲間にする。ある日、力持ちの息子が一人で料理していると、やってきた小さい老人に打ちのめされる。石臼をつけた狩人、岩を支えていた男も同じように老人に打ちのめされる。次に鼻息の強い男が料理する番になる。鼻息の強い男は老人を打ちのめす……【地図1―C】

（出典は第六章参照）

この話はこれで終わりではなく、さらに四人で王様と賭けをして勝つという別の話につながる。しかし主人公が親に作ってもらった金棒を持って旅に出るというところ、そして不思議な仲間との出会いと化け物（ここでは老人）退治という展開は、「力太郎」やブータンの話と同じである。

ただこの話では、途中で出会う仲間は三人になっており、最初に出会った仲間二人と主人公は化け物に打ち倒され、化け物をたおすのは最後に加わった仲間になっている。

実はこの話、フランスとスペインの国境地帯のピレネー山脈西端の地域に住むバスク人の伝承で、つまりユーラシア大陸の西端の伝承なのである。

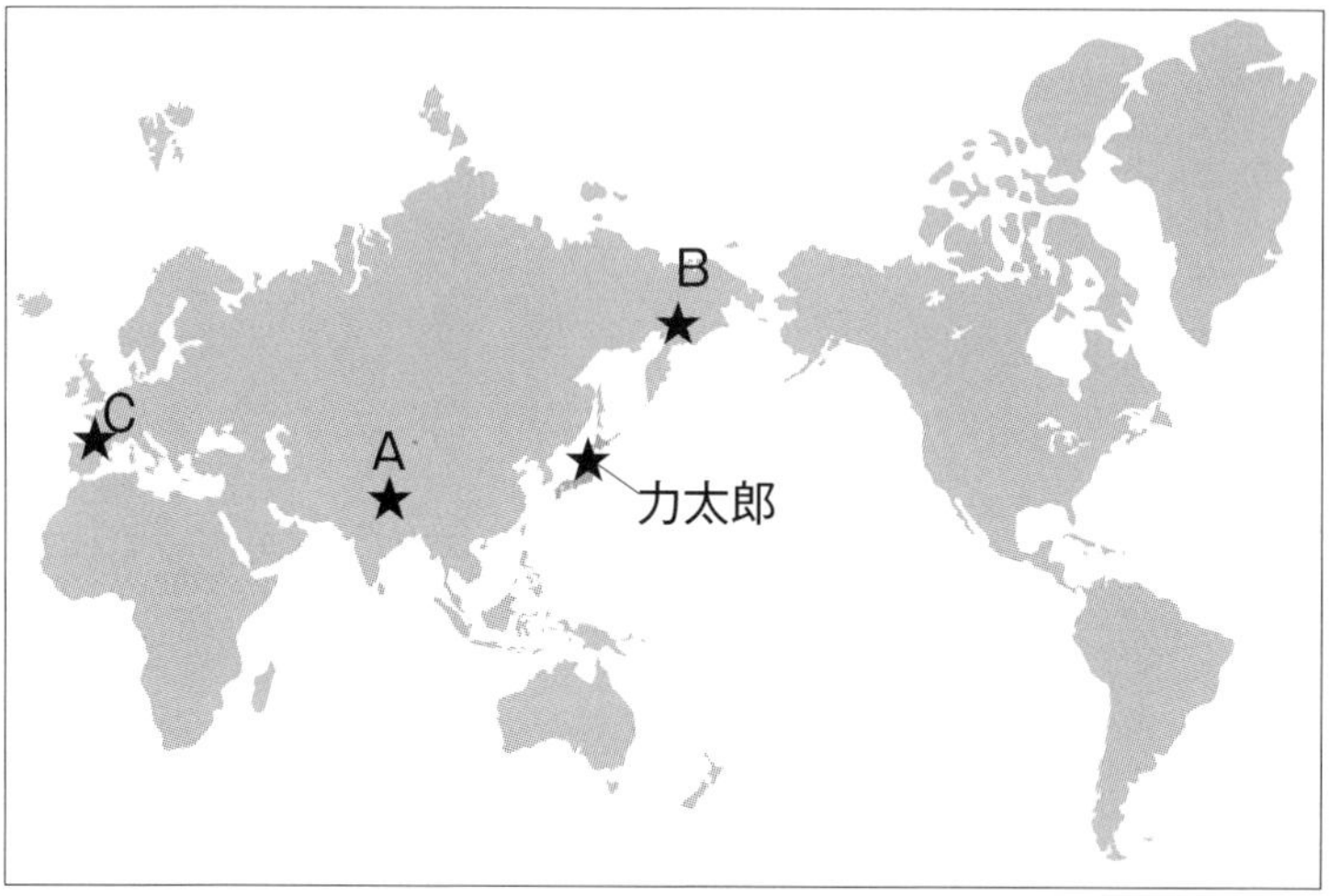

地図１　例話の位置

　さて、ここに三つの話をかいつまんで紹介したが、見ての通り「力太郎」そっくりである。主人公はいずれも力持ちで、両親のもとから旅立つ。ブータンとバスクの話では、旅立ちに際して「力太郎」のように金棒（大きなキセル）を作ってもらう。途中で奇妙な男たちに出会って仲間になり、そこに化け物が出現する。仲間の二人は化け物に負けるが、主人公が化け物を退治する。（バスクでは、主人公は最初に打ちのめされる。）「力太郎」とブータンでは、主人公は助けた娘といっしょになる。

　それぞれに小異はあるが、どう見てもこれらは一つの話のバリエーションとしか思えない。それにしても日本の「力太郎」そっくりの話が、ユーラシア大陸の東西両端と中央部という、お互いに途方もなくかけ離れた地域に伝わっているということを、いったいどのように考えればよいのだろうか。

たしかにシンデレラ型の昔話が世界中に伝わっているように、「力太郎」もどこにでもある有名な話だと考えることもできよう。しかしこのような話は、けっしてどこにでもある話ではない。それは地理的に日本に近く文化的にも関係の深い、韓国や中国（漢民族）の昔話のなかには、まったくと言っていいほど、見いだすことはできないのである。

日本・ブータン・カムチャツカ・ピレネー。互いに遠く離れた地域に伝わる四つの物語の一致という謎を解くためには、これらの話だけを見ていても分からない。どう考えてもブータンの話がピレネーや日本に伝播したり、日本の「力太郎」がヒマラヤやカムチャツカに直接伝わったりしたとは考えられないからである。

先にも述べたように、世界の各地に同じような昔話が伝わっていることは、よく知られた事実である。しかしそれを簡単に伝播、あるいは偶然の一致として片づけてしまうわけにはいかない。昔話が伝わった経路が地図で示されることもあるが、それを証明することは難しい。そもそも昔話は文献に残ることが少なく、その伝播を追うことは至難である。同じような話を並べて線で結んだところで、それは伝播の経路を示すことにはならないのである。

したがって今のところ、「力太郎」がどこで生まれ、どのような経路で広がったのかということは分からないというしかない。しかし異常誕生児が不思議な仲間を連れて化け物退治に向かう物語は、さらに複雑な物語となって東アジア辺境部に点々と伝わっており、それはどうやらユーラシア大陸の果てにまで続いているらしいのである。

本書では日本の「力太郎」を検討した後、これを中国の少数民族の伝承と比較する。そして遠くヨーロッパの伝承まで視野に入れながら、ユーラシア大陸を覆う巨大な一つの伝承について考えてみたい。そのなかで、先に紹介した日本・ブータン・カムチャツカ・ピレネーという遠隔地に伝わる物語の一致という謎も、解けてくるであろう。

それでは、怪力の少年と不思議な仲間たちの足跡を追いかけてみることにしよう。

第一章　「力太郎」、東北から立ち上がる

1.「力太郎」の伝承

こんび太郎

まず最初に、実際に伝わる「力太郎」をみてみよう。岩手県旧和賀《わが》郡の伝承で、童話作家として有名な平野直《ただし》（一九〇二～一九八六）が、昭和十年代にその叔父から聴き取った話である。

〈例話1〉

無精な爺と婆がいる。子供がないので二人の身体の垢（こんび）を集めて人形を作り、「こんび太郎」と名付ける。こんび太郎は大食らいで、いくらでも飯を食べるので爺婆は困る。こんび太郎は力わざの修行にでかけるので百貫目の金棒を作ってほしいと言い、金棒を作ってもらうと、それを持って旅に出る。

こんび太郎が歩いてゆくと、向こうからお堂を背負った男が来る。男は御堂《みどう》こ太郎と名乗り、打ちかかって来たが、こんび太郎が金棒を一振りすると飛んでいって木の上に引っかかる。御堂こ太郎はこんび太郎の家来になる。

しばらく行くと、手のひらで石を割っている男がいる。石こ太郎と名乗る。こんび太郎は御堂こ太郎を石こ太郎と戦わせるが勝負がつかない。こんび太郎が石こ太郎を投げると、石こ太郎は石くずのなかに首まで埋まってしまう。石こ太郎もこんび太郎の家来になる。

三人が町一番の長者の家にやってくると、美しい娘が泣いている。化け物が来て月に一人ずつ町のおなごをいけにえにとり、今日は自分の番だという。こんび太郎は化け物を退治してやろうといい、娘を唐櫃《からびつ》に入れ、御堂こ太郎を庭に、石こ太郎を戸口に、自分は唐櫃の前に座って化け物を待つ。

やがて大きな化け物がやって来る。化け物は庭の御堂こ太郎をゲロリと呑み込み、戸口の石こ太郎も呑み込む。こんび太郎は金棒を振ってかかるが化け物は金棒を曲げる。こんび太郎が化け物の四斗樽ほどあるふぐりを蹴ると、化け物は右の鼻から御堂こ太郎を、左の鼻から石こ太郎を吐き出してへたばる。こんび太郎は助けた娘を嫁にし、御堂こ太郎と石こ太郎も娘の妹を嫁にして幸せに暮らす。[1]

絵本の『ちからたろう』と、細かい部分まで同じである。絵本は複数の話を参考にしたというが、中心になった話がこの話であったことは間違いあるまい。

さて、この話の主人公は「こんび太郎」、つまり「あか（垢）太郎」である。身体の垢を集めて子どもを作るというのは何とも奇抜な発想だが、それがこの話の印象を強めていることは間違いない。絵本でも、このくだりが面白く描かれている。

ただ実際に伝承されている話を調べてみると、垢から生まれたという例は意外にも少ない。この話の他には、昭和十年（一九三五）に『昔話研究』誌上に報告された、旧稗貫郡《ひえぬき》湯口村（現花巻市）の例[2]と、秋田県横手市で採録された（採録年は不明）「金棒太郎[3]」という話があるだけである。

旧稗貫郡の話は先の〈例話1〉とほとんど同じで、化け物に呑まれたお供が化け物の鼻の穴から出てくるというところまで一致している。旧稗貫郡は旧和賀郡に接しており、ほぼ時を同じくして、このような話が岩手県の一部に流布していたものだろう。

一方、秋田県横手市の「金棒太郎」は、やはり爺と婆の垢から作った人形が怪力の童子になり、百貫目の金棒を持って旅に出る。途中で拳で岩を砕く「岩砕き太郎」、竹で縄をなう「縄ない太郎」、お堂を背負う「お堂っこ太郎」と出会い家来にする。四人で飯を食べていると大蛇が現れ、家来をみな呑みこんでしまう。そこで金棒太郎が大蛇の口に金棒を差し込み、呑みこまれていた三人の家来や村の娘などを吐き出させる。そして大蛇から「うろこ玉」という宝をもらって帰る、という話である。

細部に違いはあるが、明らかに岩手の「こんび太郎」に近い伝承である。

力太郎

岩手県遠野に生まれた佐々木喜善（一八八六〜一九三三）は、郷里に伝わる伝承を柳田国男（一八七五〜一九六二）に伝え、それが『遠野物語』を生み出す機縁となったことは有名な話である。その佐々木喜善による昔話集『聴耳草紙』（一九三一）にも「力太郎」がある。旧江刺郡米里村（現奥州市）に伝わる「三人の大力男」と名づけられた話である。

〈例話2〉

十五歳まで嬰児籠《えじこ》に入って口のきけない子がいた。十五歳のある日、突然大声出して百貫目の鉄棒を買ってくれという。子どもに鉄棒を与えると、子どもはそれを杖にして背伸びをする。するとムクムク背が伸びて六尺肥満の大男になったので、「力太郎」と名付けられる。

力太郎は百貫目の鉄棒を持って、力試しの旅に出る。道の向こうから大石を転がしてくる男がいる。力太郎がその石を蹴飛ばすと、男は石子太郎と名乗ってかかってきたので、百間ばかり投げつける。石子太郎は自分を家来にしてくれというので家来にし、二人で旅を続ける。すると四間《けん》四面の赤い御堂を頭に載せて来る男がいる。男は御堂太郎と名乗りかかってきたので、石子太郎と戦わせるが勝負がつかない。そこで力太郎が御堂太郎を百間ばかり投げ飛ばして家来にする。

三人で旅を続けある町へ来ると、軒下で泣いている娘がいる。訳を尋ねると、化け物がやって来ては人を食べ、今夜は自分が食べられる番だという。三人は自分たちが化け物を退治するといって家に案内させ、待ち受ける。やがて化け物が唸りながらやって来る。まず御堂太郎が立ち向かうが危ないので、石子太郎が立ち向かう。これも危ないので力太郎が出て化け物を退治する。力太郎は救った娘を嫁にし、石子太郎と御堂太郎も嫁をもらってその町で暮らす。[4]

嬰児籠《えじこ》とは、赤ん坊を入れておくための藁で編んだ籠《かご》のことである。つまり主人公は十五歳になるまで赤子のままであった。それがあるとき急に口をきいて百貫目の鉄棒を欲しがったので与えると、それを杖に背伸びして大きくなる。絵本では、この場面がじつに印象的に

田島征三『ちからたろう（pp. 8-9）』原画　1967年（文・今江祥智、ポプラ社）刈谷市美術館寄託

描かれている。子どもは怪力だったので「力太郎」と名づけられた。「力太郎」という名の由来は、どうやらここにあるらしい。

ちなみにこれとほとんど同じ話が、岩手県北部の二戸《にのへ》にもある。菊池勇の『二戸の昔話』（一九三七・自刊）に収められた話だが、そこでは主人公を「嬰児子（籠）太郎」と呼んでいる。[5] 嬰児籠に十五年も入っていたから「嬰児子太郎」である。

『二戸の昔話』にはもう一つ類話がある。あまりの大食いのため、「大食（おほまぐら）太郎」と名づけられた子どもがいる。

大食いで追い出された大食太郎は、旅の途中木内（きなえ）太郎と出会う。木内太郎は三十人分の弁当を全部食べれば、ここにある鍬をみなやろうという。大食太郎は弁当をぜんぶ食べて鍬をもらい、それを百貫の鉄棒にする。ある町に行くと子どもが泣いており、化け物がやって来て町の人をみな呑んでしまったという。大食太郎は化け物を待ち受けて組み伏せ、化け物の左右の鼻の孔から町の人々を出させ、人々に感謝される。[6]

この大食太郎は、特に異常な誕生の仕方をしたわけではない。また途中で出会う木内太郎も不思議な要素はなく、大食太郎のお供にもなっていない。これも「力太郎」の一つであることに変わりないが、話としてはかなり崩れたものである。

いま知られている「力太郎」のほとんどは、戦前に採録されたものだが、戦後になって、遠野市松崎町で「かものこ太郎」という話が採集されている。子のない爺婆が木の股で泣いている赤子をみつけ、太郎と名づけて育てる。大食いなので家を追い出す。太郎は長者の家の若人《わげし》たちの鍬四十八本を打ち直した金棒を持ち、「かものこ太郎」と名を改めて旅に出る。旅の途上で娘が泣いているのでわけを聞くと、化け物に食われるという。太郎は町の人を苦しめる化け物を退治し、化け物が呑んでいた人々を助け出して、娘と結婚する。[7]

ほとんど他の話と同じだが、「かものこ」という名の意味は不明である。ここでは旅の途中で出会う不思議な仲間が現れず、崩れた形だと思われるが、たくさんの鍬から鉄棒を作るというくだりは二戸の「大食太郎」にもあったものである。

先に「こんび太郎」と似た、秋田県横手市に伝わる「金棒太郎」を見た。秋田には、これとは別の「まぐらきゃし太郎」という話もあった。

〈例話3〉

御嶽山《おみたけさん》のふもとに、爺婆と十三歳になる太郎が暮らしている。太郎は馬のように飯を食べるので、村人は「まぐらきゃし太郎」と呼ぶ。

ある日、爺は太郎を呼んで、お前にマンマを食わせることができないので、どこかへ行ってマンマを食ってくれという。

太郎が家を出て歩いてゆくと、百姓たちが握り飯を食っているので、俺なら一人で三十個は食えるというと、百姓たちは食えるわけがない、食えればここにある鍬をみんなやろうという。太郎は握り飯を全部食べて、約束どおり鍬を全部もらう。太郎は鍛冶屋へ行ってその鍬を鉄棒にしてもらい、旅を続ける。

道の真ん中で大岩を転がしている男がいる。名をたずねると、岩砕ぎ太郎だという。太郎はおれは天下のまぐらきゃし太郎だといって鉄棒で岩を砕くと、岩砕ぎ太郎は降参して家来になる。二人で歩いてゆくと、お堂を背負った大男がやってきて、お堂っこ背負い太郎だという。太郎がまぐらきゃし太郎だといって、小指でお堂ごとひっくり返すと、お堂っこ背負い太郎も家来になる。

三人で鳥海山の岩窟にある鬼ヶ城に行き、三人で力を合わせて鬼退治をする。鬼ヶ城から金銀財宝を持って家に帰り、爺婆といっしょに仲良く暮らす。[8]

これは名前からして、二戸の「大食（おほまぐら）太郎」に近い伝承であろう。百姓から得たたくさんの鍬で鉄棒を作るというのも同じである。一方、仲間になる「お堂っこ背負い太郎」などは、岩手の「こんび太郎」〈例話1〉の「御堂こ太郎」と同じで、似たようなモチーフや要素が東北地方に広がっていたようである。

事実、遠野で「かものこ太郎」を採録した佐々木徳夫は、宮城県大崎市田尻町で「まくれえ太郎（馬のように飯を食う男）」という類話を採録している。[9] これは秋田の「まぐらきゃし太郎」とほぼ同じ話だが、残念ながら化け物退治の部分が欠けている。一つの昔話が細部を変えながら広く語り広められていたのであろう。

いずれにしても岩手県を中心に、「こんび太郎」「力太郎」「嬰児子《えじこ》（籠）太郎」「大食太郎」「かものこ太郎」「まぐらきゃし太郎」など、いろいろな名で呼ばれる怪力の少年が、お供といっしょに（あるいは一人で）化け物を退治する物語が伝わっていたのである。

柳田国男は昭和十一年（一九三六）に『昔話採集手帖』を刊行し、日本に伝わる代表的な昔話を百話列挙している。[10] そこで「桃太郎」に次いで二番目に挙げられているのが「力太郎」である。柳田はさらに日本昔話を独自に分類した『日本昔話名彙』（一九四八）でも、正式な話名として「力太郎」を採用した。[11] そして関敬吾が『日本昔話集成』（一九五〇〜五八）でこの話名を踏襲したため、[12] この物語は「力太郎」とよばれるようになった。

いま、主な「力太郎」を、発表された順にあげておこう。

「三人の大力男」（一九三二）	『聴耳草紙』	岩手県旧江刺郡
「コンビ太郎」（一九三五）	『昔話研究』五号	岩手県旧稗貫郡
「こんび太郎」（一九三六）	『すねこ・たんぱこ』	岩手県旧和賀郡
「嬰児子太郎」（一九三七）	『二戸の昔話』	岩手県二戸市
「大食太郎」（一九三七）	同	同
「まくれえ太郎」（一九七五）	『みちのくの海山の昔』	宮城県大崎市
「かものこ太郎」（一九八五）	『遠野の昔話』	岩手県遠野市
「金棒太郎」（二〇一一）	『昔話に生きる秋田の「太郎」たち』	秋田県横手市
「まぐらきゃし太郎」（二〇一一）	同	同

絵本や教科書に載ったため、「力太郎」は今ではすっかり有名な昔話になっている。しかし実際に採集された「力太郎」の例は思いのほか少なく、そのほとんどは戦前に岩手県で採集されたものである。しかも垢から子どもを作るという有名なモチーフをもった話は、たったの三話にすぎない。絵本で日本的に有名になった「ちからたろう」は、伝統的な昔話としてはかなり珍しい話だったのである。

もっとも、採集例が少ないというだけで、「力太郎」を特殊な話とみなすわけにはいかない。当時、誰もが知っている話であっても、それを書き残そうという意識がなければ、記録されることはないからである。あまりにも当たり前の話であれば、かえって記録されにくいということもある。十九世紀の東北地方には、昔話の豊かな伝承があったに違いない。しかしそのほとんどは記録されずに消滅した。いまここで追求しようとしている「力太郎」も、かつて東北地方の村々では、誰もが知っていた昔話であったかもしれない。

「力太郎」の形式

ここで「力太郎」の基本的な形式をまとめておこう。「力太郎」は次のような展開をもつ物語である。

（1）異常誕生（垢からの誕生など）
（2）異常な性質（怪力・大食い）
（3）旅立ち
（4）不思議な仲間（御堂子太郎・石子太郎など）
（5）化け物退治
（6）結婚（帰還）

家を出た異常誕生児が不思議な仲間をお供にして旅を続ける。やがて一行は化け物に食われそうになっている娘と出会い、主人公は化け物を退治して娘と結婚する、という話である。短いながらも英雄譚の首尾を備えた物語といえよう。

2.「雉《きじ》の子太郎」

雉の子太郎

右にまとめたような話を「力太郎」の典型とすると、このような話のほとんどは、岩手県に伝わるものである。しかしこれと似た筋立てをもった話なら、東北地方一円に点在している。それが「雉の子太郎」で、キジの卵から生まれた少年が不思議な仲間をお供にして、鬼ヶ島に鬼退治に行くという話である。先に紹介した「かものこ太郎」という名前は、おそらくこれと無関係ではあるまい。

「雉の子太郎」は、「桃太郎」と重なり合う部分があるため、関敬吾の『日本昔話集成』ではこれを「桃の子太郎」（桃太郎）の類話として整理している。一方、独自の立場で日本昔話の分類を目指した稲田浩二（一九二五～二〇〇八）の『日本昔話タイプ・インデックス』（一九八八）は、これを「こんび太郎」という類型に入れている。[13] 稲田のいう「こんび太郎」は、『集成』の「力太郎」に等しい。要するに、「雉の子太郎」を関敬吾は「桃太郎」の類話として分類し、稲田浩二は「力太郎」の類話とみた、ということである。

「雉の子太郎」の比較的整った例として、新潟県長岡市で採録された「きじの子太郎」を挙げておこう。

〈例話4〉

爺が山に柴刈りに行ってキジの卵を三つ見つけ、家に持ち帰る。三つ目の卵から男の子が生まれる。爺婆は「きじの子太郎」と名付けて大切に育てる。

どんどん大きくなったきじの子太郎は、鬼ヶ島に宝を取りに行くという。キビダンゴをこしらえてもらい旅に出る。途中で大きな岩に腰かけて休んでいると、その岩が二つに割れ、中から大男が出てくる。大男はキビダンゴをもらってお供になる。岩の子太郎と名付ける。また大きな石の上に腰かけて休んでいると、石が割れて大男が出てくる。石の子太郎と名付けてお供にする。三人がよし（葦）の生えた野で休んでいると、よし野が二つに割れて大男が出てくる。キビダンゴをもらってお供になる。よしの子太郎と名付ける。

きじの子太郎が三人のお供を連れて鬼ヶ島へ行くと、鬼の子がいいさかなが来たといって、くろがねの門の中に入る。お供の三人が門を開けようとするが、門は開かない。そこできじの子太郎が門を蹴ると開く。四人で鬼どもを投げ飛ばし、宝をもって帰る。

よしの子太郎はよし野まで来ると、「さらば、さらば」といってよし野に消える。石の子太郎も石まで来ると「さらば、さらば」といって石の中に消える。岩の子太郎も岩まで来ると「さらば」といって岩の中へ消える。

きじの子太郎は家に帰って、一生あんらく（安楽）にくらした。[14]

この話は、新潟県下の昔話の採集に大きな功績を残した水澤謙一（一九一〇〜一九九四）によって採録されたものである。主人公はキジの卵から生まれた「きじの子太郎」である。キビダンゴを持って鬼ヶ島へ宝を取りに行くというのは、明らかに「桃太郎」の影響であろう。そのためだろうか、この話では長者の娘を助けてその婿になるという結末はない。

これだけを見ると、桃がキジの卵になり、猿・犬・雉のお供が岩の子太郎などの「不思議な仲間」になっただけで、「桃太郎」の変わり種にすぎないようにも見える。しかし後で述べるように、これら不思議な仲間のあり方が、実は「力太郎」と「桃太郎」との最大の相違点なのである。この話に現れる岩の子太郎ほか三人のお供は、どう考えても、「力太郎」の御堂こ太郎や石こ太郎の同類であろう。

「雉の子太郎」は、長岡市の東にあたる福島県大沼郡昭和村にもある。やはり雉の子太郎が、石切り、岩はがしという二人の仲間を連れて鬼退治に行く話だが、石切りは鬼の左の鼻の穴、岩はがしは鬼の右の鼻の穴にすすり込まれてしまう。雉の子太郎が鬼を打ち負かし、二人を吐き出させ、最後には鬼の金歯をはがして殿様に捧げ、褒美をもらう[15]。

ここにも「桃太郎」の影響がみえている。しかし、家来が化け物の鼻の穴にすすりこまれるというくだりは「力太郎」のいくつかの類話にもあるもので、「雉の子太郎」は岩手を中心に広がる「力太郎」と関係深い物語ということができよう。

鬼のキモを失う話

「雉の子太郎」は、「力太郎」の本拠地たる岩手県にもあった。次に紹介するのは、戦後になって岩手県東部の下閉伊《しもへい》郡岩泉町から報告された話である。

〈例話5〉

爺が山で雉の卵を拾って帰り、婆に温めさせる。卵から男の子が生まれ、雉の子太郎と名付ける。

成長した雉の子太郎はやがて妻を迎えたが、その妻が病気になる。赤鬼のキモを呑ませれば治るという者がいたので、雉の子太郎は鬼ヶ島へ鬼のキモを取りに出かける。

雉の子太郎が行くと、途中の竹藪の中から男の子が出てきて、竹の子太郎と名乗る。竹の子太郎もいっしょに鬼ヶ島に行くことになる。さらに行くと、岩のところで男の子が遊んでいて岩の子太郎と名乗る。岩の子太郎もお供になる。

三人は海に出るが、鬼ヶ島に渡る橋がない。そこで三人は力を合わせて杉の大木を倒して橋をかけ、鬼ヶ島へ渡って鬼のキモを取る。帰りに橋の途中まで来たとき、竹の子太郎と岩の子太郎が、雉の子太郎に鬼のキモを見せろと言う。雉の子太郎が二人にキモを渡したところ、二人はキモを見ているうちに、海の中に落としてしまう。

雉の子太郎は海に飛び込んで探すが見つからず、何日も探しているうちに雉の姿になる。自分の変身を知った雉の子太郎は陸に上がろうとせず、それから海に住んで地震の時にはケンケンと鳴いて地震を教える。[16]

冒頭は長岡の「きじの子太郎」〈例話4〉と同じである。ただ鬼退治の目的が、妻の病気を治すために鬼のキモを取りに行くということになっている。途中で家来にする竹の子太郎、岩の子太郎は、明らかに「力太郎」の不思議な仲間の同類であろう。

面白いのはその次である。三人はみごと鬼のキモを取ってきたが、せっかく得た鬼のキモを二人のお供のせいで海に落としてしまう。このため雉の子太郎はキモを探しに海に入り、そこで雉になってしまったというのである。

雉が海の中にいるというのも妙な話だが、昔話としてはまことに中途半端で不自然な終わり方というほかない。妻の病気も治せず、これでは何のために鬼ヶ島まで行ったのかわからない。あるいはこれに続く展開があったのだろうか。口承の昔話には、どうしても話者の忘却や恣意的な付け足しなどがあって、本来の姿をうかがうためには、もう少し類話を集めてみなければならない。

ところがこの不自然に見える末段にも、やはりそれなりの広がりがあったらしい。秋田県旧北秋田郡阿仁町（現北秋田市）に伝わる「きじない太郎」という話を見よう。

〈例話6〉

爺が柴刈りに行って雉の卵を拾って帰る。婆が卵を抱いて寝ると、男の子が生まれる。「きじない（雉内）太郎」と名づける。

やがて、きじない太郎は、鬼の眼を取るために鬼ケ島へ行く。途中、葦原の橋のところで拳で岩を割っている子どもがいて、いわない（岩内）太郎と名乗る。いわない太郎をお供にする。また行くと、拳で竹の節を割っている子どもがいて、たけない（竹内）太郎と名乗る。たけない太郎もお供にする。

やがて一行は、鬼の家に着いて門をたたく。鬼の番人が何しに来たという。きじない太郎が、相撲をとって負ければ鬼に呑まれるが、勝てば眼をほじくる、という。鬼が相撲を取ろうというので、まずたけない太郎、次にいわない太郎が鬼と相撲を取るが、二人とも負けて鬼に呑まれる。

きじない太郎の番になると、大将鬼の酒呑童子《しゅてんどうじ》が出てくる。なかなか勝負がつかなかったが、やがてきじない太郎は酒呑童子に勝って目玉を取る。

帰りに葦原の橋の上まで来ると、座頭坊主がいて、どこへ行くという。鬼の眼を取って帰るところだというと、それを見せてくれという。酒呑童子の眼を見せると、座頭坊主は「これこそ、俺の眼だ」と言って、川に入って鬼虎魚（オニオコゼ）になり、人を見れば取って食うようになる。[17]

きじない太郎とは、雉の子太郎のことであろう。帰りに一行を待ち受けていた座頭坊主は眼を抜かれた鬼が化けたもので、座頭のふりをして自分の眼を取り返しに来たわけである。そうしてみると、先の岩泉の「雉の子太郎」〈例話5〉で、仲間が鬼のキモを海に落としてしまったという情けない話も、鬼が自分の身体の一部を奪い返しにきた話であったと考えた方が、つじつまが合いそうである。

いずれにしても「雉の子太郎」の中には、鬼退治の後、奪われた身体の一部を鬼が取り戻すというくだりをもつ話があったらしい。それらの伝承の背後には、どのような話があったのだろうか。それがわかる話がどこかに伝わっていればよいのだが、今のところ東北地方に伝わる類話から、それを知ることはむずかしい。

3.「桃太郎」のような「力太郎」

桃内小太郎

新潟県の長岡や岩手県の岩泉に伝わる「雉の子太郎」は、主人公が鬼ヶ島に鬼退治に行くという、「桃太郎」の影響を思わせる話だった。ところが秋田県には、さらに「桃太郎」に接近した話が伝わっている。まず旧角館町《かくのだてまち》（現仙北市）の「桃内小太郎」。

〈例話7〉

爺婆がいる。婆が川で赤い箱を拾う。中に桃が入っている。桃から子どもが生まれ、桃内小太郎と名付けて育てる。小太郎は鬼ヶ島へ鬼退治に行くという。

小太郎が竹原を通ると、竹から生まれた竹ナリ子と出会いお供にする。葭《あし》原を通ったときに葭ナリ子と出会いお供にする。

鬼の城へ着くと竹ナリ子と葭ナリ子が飛び込んでいくが、鬼に呑まれてしまう。小太郎が鬼に勝ち、二人を助け出す。鬼は右の鼻の穴から竹ナリ子、左の鼻の穴から葭ナリ子を出す。

三人で鬼の首を取って帰る。葭原まで来ると、葭ナリ子は自分はお前一代の守り不動尊だといって消え、竹原まで来ると竹ナリ子が汝《なんじ》一代の守り産土神《うぶすな》だというと消える。〔18〕

名前こそ「桃内小太郎」だが、冒頭のくだりはどう見ても「桃太郎」である。しかし鬼退治に向かう途中で出会う竹ナリ子と葭ナリ子というお供の顔ぶれ、そしてお供二人が鬼に呑まれ、主人公がこれを助け出すという展開はまったく「力太郎」である。そしてそれぞれのお供が、彼らが最初に現れた場所にやって来ると順に消えてゆくくだりは、新潟県の「きじの子太郎」〈例話4〉と似ている。

秋田県からは、もう一つ興味深い話が報告されている。秋田県南部の旧由利郡東由利町（現由利本荘市）の伝承である。

〈例話8〉

婆が川で洗濯をしていると、赤い箱と白い箱が流れてくる。婆が赤い箱を拾いあげると、中に大きな桃の種が入っている。婆はそれを小屋の脇の糠《ぬか》の中に埋めておく。赤子の声がするので見ると、桃の種が割れて中に男の子がいる。「桃根子太郎」と名づける。

桃根子太郎はどんどん大きくなって、十四、五になると、鬼ヶ島に鬼を獲りに行くので、キビ団子をこしらえてくれという。桃根子太郎が団子をもって行くと、犬がやってきて、どこへ行くという。鬼を獲りに行くので一緒に行かないかというと、団子をくれたら行くというので、団子をやってお供にする。さらに猿、雉が順に現れて同じことをいうので、団子をやってお供にする。

犬と猿と雉を連れて旅を続けると、道端で石切り坊主が石を切っている。団子をくれたら一緒に行くというので、お供にする。さらに行くと、柴引き坊主が同じようにいうので、これもお供にする。

みんなで行くと、大きな川がある。桃根子太郎が杉の木を倒して橋をかけようという。柴引き坊主が杉の木を踏むが杉の木は動かない。次に石切り坊主が走ってきて、杉の木を踏みつけるが動かない。今度は桃根子太郎が走ってきて両足揃えて踏みつけると、杉の根が緩み、もう一度踏むと杉は倒れて橋になる。

やがて一行は鬼の家に着き、雉が飛んで行って扉を外せるようにし、猿が扉を外す。鬼が驚いて逃げ回るところを桃根子太郎は刀で切りつけ、石切り坊主はげんのうで叩き、柴引き坊主は鎌で刈り、雉は鬼の眼を突き、犬は鬼のかかとに噛みつき、猿は爪で鬼を引っかき、とうとう鬼を退治する。鬼の家を調べ、食い物は犬たちにやり、銭は石切り

坊主と柴引き坊主にやり、宝物は桃根子太郎が家に持ち帰る。[19]

全体はこの地方で語られている「桃太郎」である。ところが面白いことに、「桃太郎」のお供の定番である犬、猿、雉の他に、石切り坊主・柴引き坊主という不思議な仲間が現れる。これが先に見た「きじない太郎」〈例話6〉に現れるいわない太郎・たけない太郎、また「桃内小太郎」〈例話7〉に現れる竹ナリ子・葭ナリ子の同類であることは明らかであろう。また力を合わせて杉の木を倒して橋をかけるというくだりは、岩手県岩泉に伝わる「雉の子太郎」〈例話5〉にもあったものである。

ただ「雉の子太郎」では、不思議な仲間は鬼退治の役にたたず、鬼に呑まれてしまうことが多いのに対し、ここでは石切り坊主・柴引き坊主は犬や猿と一緒になって、積極的に鬼退治に貢献することになっている。

秋田県では、このように「桃太郎」の影響を強く受けた話が多い。秋田県南部の旧鳥海《ちょうかい》町《まち》（現由利本荘市）に伝わる「桃ねっこ太郎」でも、桃から生まれた桃ねっこ太郎が、団子を持って鬼の牙を取りに行く話になっている。桃ねっこ太郎は、旅の途中で葦ねっこ太郎と竹ねっこ太郎をお供にするが、鬼の家で葦ねっこ太郎と竹ねっこ太郎は鬼に呑まれてしまう。そこで桃ねっこ太郎が鬼を痛めつけて二人のお供を吐き出させ、鬼の牙を取って帰る。[20]これは「桃内小太郎」同様、「力太郎」の形を留めている。

旧由利郡には、桃から生まれた桃太郎が黍団子を持ち、犬、猿、雉をお供にして鬼ヶ島に行くという話がある。[21] まったくの「桃太郎」だが、爺の病気を治すために鬼の牙を取りに行くというのは、岩手県岩泉の〈例話5〉と同じである。また雉と猿などのお供が鬼に呑まれてしまうところは、「雉の子太郎」の面影を残している。

かつて東北地方一円には、「力太郎」と似た「雉の子太郎」が語り広められていた時代があった。しかしそれも、時代とともに「桃太郎」に吸収されていったようである。国定教科書に載った国民的昔話である「桃太郎」の影響力は、思いのほか強かったのである。秋田県における「桃太郎」のような「力太郎」を見ると、それは近現代における「力太郎」という昔話のたどった歴史を示しているように思われる。

「力太郎」と「雉の子太郎」

東北地方一円に伝わる「力太郎」とそれに似た「雉の子太郎」、そしてそれらが「桃太郎」的に変化したような話（いま仮に、これを「桃根子太郎」と呼んでおこう）は、主題と特徴的なモチーフを共有している。本書では、それらをまとめて「力太郎」と呼んでおきたい。岩手県の「力太郎」を狭義の「力太郎」とすると、広義の「力太郎」である。この関係を簡単にまとめると、次のようになる。

「力太郎」
- 「力太郎（狭義）」＝「こんび太郎」
- 「雉の子太郎」
- 「桃根子太郎」

いささか混乱を招きそうだが、これから本書で「力太郎」というのは、岩手県の「こんび太郎」のような形式をもつ話だけでなく、「雉の子太郎」や「桃根子太郎」も包括した類型を指す。岩手県を中心に伝わる狭義の「力太郎」、つまり絵本の『ちからたろう』のような話を示す場合には、特にこれを「こんび太郎」と呼ぶことにする。

4.「力太郎」の形式

さて、「力太郎」の全体を見渡してみたところで、「力太郎」を構成するモチーフや挿話について、詳しく見ておこう。

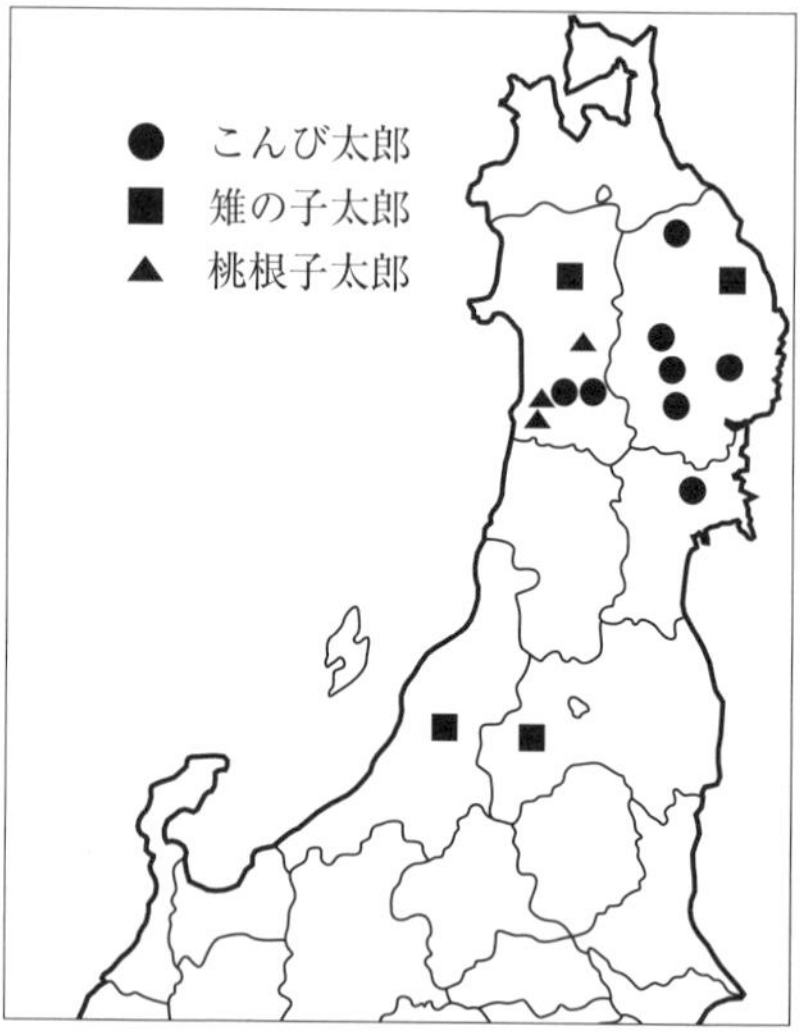

地図２　「力太郎」の分布

（1）異常誕生

異常誕生は「力太郎」の重要なモチーフである。「桃太郎」の誕生が極めて定型的（桃からしか生まれない）なのとは対照的に、「力太郎」の誕生は話によってまちまちである。

「力太郎」といえば垢（こんび）から生まれるのが有名だが、先にも述べたように垢を集めて人形を作るという話は実際には少なく、むしろキジの卵から生まれた「雉の子太郎」の方が多い。また木の股にいた「かものこ太郎」や、十五歳まで嬰児籠に入っていた「嬰児子太郎」、桃から生まれた「桃内小太郎」「桃根子太郎」など、変化が大きい。このうち桃から生まれるのは、明らかに「桃太郎」の影響である。

（2）異常な性質

異常誕生モチーフは変化に富むが、大食で怪力という主人公の性質は、「力太郎」の類話に共通している。岩手県二戸の「大食（おほまぐら）太郎」、宮城県大崎市の「まくれえ太郎」、秋田県横手市の「まぐらきゃし太郎」〈例話3〉などは、いずれも主人公の大食ぶりがその名前になっている。

また百貫目の鉄棒を持ったり、四十八本の鍬を担いだりするほどの怪力ぶりが語られる。

（3）旅立ち

主人公は必ず旅立つ。しかし家を出る動機はまちまちである。岩手県各地の「こんび太郎」では、あまりの大食に爺婆が困ったため、家を追い出されたり自分から家を出る。「雉の子太郎」では「桃太郎」のように鬼ヶ島へ鬼退治に行くという話が多いが、その理由として、病を治す薬として鬼のキモや牙、眼を取りに行くという話もある。

（4）不思議な仲間

「力太郎」の最も印象的な部分は、主人公が旅の途中で出会う「不思議な仲間」たちである。

仲間は二人であることが多い。仲間はいずれも御堂を担いだり、大きな岩を転がしたり、手のひらで岩を割っていたりと、怪力であることが強調される。そして彼らの名前は出現した場所、あるいは属性を示している。ここで注目すべきことは、仲間の一人が岩や石を割っていたり岩から出現するなど岩や石と関わりが深いこと、そしてもう一人が葦・柴・竹など植物と関わりが深いことである。

(5) 化け物退治

化け物退治には二つの系列がある。一つは岩手県の「こんび太郎」のような、化け物に食われるところだった娘を助けるために、化け物の出現を待ち受けるタイプ。もう一つは、「雉の子太郎」のように、鬼ヶ島に出かけるタイプである。後者は「桃太郎」の影響であろう。ただどちらのタイプでも、まず仲間が化け物と戦って負け、その後主人公が化け物をたおすところは共通している。仲間が化け物に呑まれ、それを主人公が救い出すことも多い。

(6) 結婚(帰還)

「こんび太郎」では、主人公は助けた娘と結婚する。一方、鬼ヶ島に出かける「雉の子太郎」では娘は登場せず、したがって、娘との結婚を説かないのが普通である。

いくつかの類話では、鬼退治の目的が鬼の身体の一部(キモ、牙、眼)を持ち帰ることになっている。また鬼が人間に化けて、奪われたキモなどを取り返しにきたという例もあり、本来的にはそこからさらに展開する話があったのかもしれない。

岩手県には、「こんび太郎」「嬰児子太郎」「力太郎」「大食太郎」「かものこ太郎」など、いろいろな「太郎」が化け物退治をする話が広がっていた。絵本の『ちからたろう』は、このうち「こんび太郎」を中心として創作されたものである。一方、岩手県を含む東北地方一円に「雉の子太郎」の伝承があり、秋田県には「桃太郎」の影響が著しい「桃根子太郎」が伝わっていた。先に述べたように、本書ではこれらの話をすべて「力太郎」という一つの類型として考える。

何度もくり返すようだが、「力太郎」は、有名なわりに日本の昔話としては珍しいものである。古典説話にも類話はなく、現代までに採集された類話もそれほど多いわけではない。しかし「力太郎」は、日本の昔話研究史上、重要な意味を与えられてきた。それは日本の昔話を代表する話、つまり、「桃太郎」成立の謎を解くための鍵だと考えられてきたからである。

次章ではこの問題について考え、そこから「力太郎」の正体に接近したい。

注

［1］ 平野直『すねこ・たんぱこ　第一集』未來社　一九五八年［一九三六年］二五～二九頁

［2］ 藤原貞次郎「稗貫郡昔話（二）」『昔話研究』第五号　三元社　一九三五年　二四～二五頁

［3］黒沢せいこ［編］『昔話に生きる秋田の「太郎」たち』自刊　二〇一一年　二四〜二五頁
［4］佐々木喜善『聴耳草紙』筑摩書房　一九六四年［一九三一年］五四〜五六頁
［5］菊池勇［編］『二戸の昔話』自刊　一九三七年　一〜三頁
［6］同書、三〜五頁
［7］佐々木徳夫『遠野の昔話』桜楓社　一九八五年　五三〜五六頁
［8］黒沢、前掲書　二六〜二七頁
［9］佐々木徳夫『みちのくの海山の昔』講談社　一九七五年　二八〜二九頁
［10］柳田国男『昔話採集手帖』民間伝承の会　一九三六年
［11］柳田国男［監修］『日本昔話名彙』日本放送出版協会　一九四八年　四〜五頁
［12］関敬吾『日本昔話集成第二部の1』角川書店　一九五三年　三一四〜三二〇頁
［13］稲田浩二『日本昔話タイプ・インデックス』同朋舎出版　一九八八年　一八八頁
［14］水澤謙一［編］『いきがポーンとさけた』未來社　一九五八年　二五三〜二五六頁
［15］稲田浩二・小澤俊夫［編］『日本昔話通観　第七巻』同朋舎出版　一九八五年　四七二〜四七三頁
小林政一『昭和村のむかしばなしシリーズ　NO1』（昭和村教育委員会　一九七九年）を引く。
［16］高橋貞子『まわりまわりのめんどすこ　続・岩泉の昔ばなし』熊谷印刷出版部　一九七八年　一〇七〜一一五頁
［17］黒沢、前掲書　二二一〜二二三頁
［18］武藤鉄城［編］『角館昔話集』岩崎美術社　一九七五年　一二〇〜一二二頁
［19］黒沢、前掲書　一四〜一六頁

〔20〕黒沢、前掲書　一七～一八頁
〔21〕常光徹・黒沢せいこ〔編〕『鳥海山麓のむかし話　佐藤タミの語り』イズミヤ出版　二〇〇九年　一一八～一二七頁

第二章　「力太郎」は「桃太郎」の原型か

1.「力太郎」と「六人組の世界旅行」

「力太郎」の系統

戦後の昔話研究をリードした研究者に、関敬吾（一八九九〜一九九〇）がいる。関は『日本昔話集成』（一九五〇〜一九五八）を著し、日本に伝わる昔話を独自の立場で分類し体系化した。[1]さらに関はこの著作において、個々の日本昔話のタイプ（類型）が国際的にどのような昔話に対応するかという対応タイプを示し、世界の昔話の中における日本の昔話の位置を明らかにした。これにより日本に流布している昔話のうち、何が日本独自のものであり、また何が国際的に流布している――つまり外来の――話なのか、ということが判明したのである。

昔話の中には、国や民族を越え、国際的に流布している話があることはよく知られている。フィンランドのアンティ・アールネ（一八六七〜一九二五）は、一九一〇年、国を越えた昔話の比較を可能にするために昔話の類型索引を出版し、これをアメリカのスティス・トンプソン（一八八五～一九七六）が拡充した（一九六一）[2]。このため国際的な昔話のタイプは、二人の頭文字をとったAT番号によって記載されることになった。たとえば有名な「シンデレラ」はAT五一〇A、日本で「瘤《こぶ》取り爺」として知られる話（欧州では「小人の贈り物」）はAT五〇三といった具合である。その後、ドイツのハンス＝イェルク・ウター（一九四四～）が従来の類型索引をさらに拡充し（二〇〇四）[3]、現在では彼の頭文字も加え、ATU番号で呼ばれている。

さて、「力太郎」である。いま、われわれが追求する「力太郎」は、国際的に見ていかなる昔話と対応しているのだろうか。

関敬吾の『日本昔話集成』では、「力太郎」を国際的昔話のタイプ番号AT五一三に対応するとしている[4]。AT五一三は、「六人組の世界旅行」という話である。これは世界的に伝わる有名な話で、主人公がさまざまな能力をもった男たちの援助によって、王の難題を解決し、王女と結婚するという話である。

関敬吾は、『日本昔話集成』を改訂した『日本昔話大成』の「力太郎」の注において、「この昔話はグリムの七一番「六人組世界歩き」（「六人組の世界旅行」のこと　引用者注）と同系である」と明記している[5]。「同系」というのは、単に類似しているという意味ではない。それは明らかに歴史的な関係を想定している[6]。

関は柳田国男の『桃太郎の誕生』（角川文庫）の解説の中で、次のようにいう。

（「桃太郎」は）加賀、越前に採集された「桃太郎異伝（異譚）」を媒介とすれば、主として東北地方に伝承する「ちから（力）太郎」の昔話に結びつく。力太郎も異常誕生児で、ときとしては桃から生まれている。主人公は急速に成長し旅に出る。途中で、動物に変わる異常な能力をもつ仲間を従者として、協力して化物に誘かいされた娘を解放して結婚している。グリムでは「六人組」「六人の家来」……などの名で広く分布するアジア・ヨーロッパ型と同系統の話である。……桃太郎は極東島国におけるこの系統の昔話の派生型である。[7]〔（　）内、引用者注〕

ここで関は、「力太郎」の系統について、重要なことを述べている。つまり「桃太郎」が「力太郎」と同系統であるということ、そして「力太郎」が『グリム童話集』の「六人組の世界旅行」とも同系統である、ということである。そこから関は、「桃太郎」は「六人組の世界旅行」の「極東における……派生型」だというのである。

たしかに「六人組の世界旅行」の筋立ては、「桃太郎」のそれとはあまりも距離がある。そこで関は、「桃太郎」と「六人組の世界旅行」の間に「力太郎」を置くことで、「桃太郎」

を「六人組の世界旅行」と結びつけようとしたのである。

都合の良いことに、北陸にはちょうど「桃太郎」と「力太郎」とをつなぐような話が知られていた。それが関のいう「加賀、越前に採集された『桃太郎異伝（異譚）』」である。そこでこれらを媒介にすると、

「六人組の世界旅行」→「力太郎」→「桃太郎異伝（異譚）」→「桃太郎」


ということになり、「桃太郎」はみごと世界的な「六人組の世界旅行」とつながる、というわけなのである。

この関の仮説の当否については後に考えることとして、ここで「力太郎」の系統について二つの問題が出てきた。一つは「力太郎」と世界に広がる「六人組の世界旅行」との関係であり、いま一つは「力太郎」と「桃太郎」との関係である。


「六人組の世界旅行」

まず「力太郎」と「六人組の世界旅行」との関係について考えてみよう。有名な『グリム童話集』の「六人組の世界旅行」とは、次のような話である。

〈例話9〉

兵隊上がりの男が、森の中で木を引き抜いて束にしている男と出会い家来にする。次に二マイル先の樫の木にとまっている八エの左目を鉄砲で撃つことのできる猟師と出会い家来にする。次に二マイル先の風車を鼻息で回すことのできる男と出会い家来にする。次に鳥が飛ぶよりも速く走ることのできる男と出会い家来にする。次に帽子をちゃんとかぶると寒くすることのできる男と出会い家来にする。

六人はやがて都に入る。王様が王様の娘と駆け比べをして勝てば娘の連れ合いにするが負ければ首をよこせというお触れをだす。兵隊上がりの男は家来の速足を娘と駆け比べさせる。速足はあまりにも速く走り、途中で馬のしゃれこうべを枕に居眠ってしまう。娘は速足を抜かす。これを猟師が見ていて、しゃれこうべを銃で打ちぬく。目を覚ました速足は王様の娘に勝つ。

くやしく思った王様は、六人を鉄でできた部屋に案内し料理をだす。王様は料理番に命じて部屋の下から火を焚かせる。部屋が暑くなってくるが、寒くすることのできる男が帽子をちゃんとかぶると、部屋の料理は凍り付く。

王様は、金を払うので自分の娘をもらう権利を捨ててほしいという。兵隊上がりの男は自分の家来が持てるだけの金をもらえば権利を捨てると言い、国中の仕立屋を使って巨大な袋を縫わせると、木を引き抜く男にその袋を持たせて金をもらいにゆく。木を引き抜く男は、国中の金貨をつめた袋を担いで帰る。王様は二個連隊の騎兵を派遣して金貨を取り戻そうとするが、鼻息の強い男の鼻息で兵隊は吹きとばされる。六人は宝物を持って帰り、不自由なく暮らした。[8]

この話と「力太郎」の共通点は、「主人公が旅をする」「旅の途中で特異な力を持つ仲間に出会う」「仲間とともに課題を果たす」という点である。したがってこれを「主人公が旅の途上で不思議な力をもった者と出会ってお供にし、問題を解決する話」とまとめてしまえば、「力太郎」は「六人組の世界旅行」と同じ話ということになる。しかし、そのように考えて良いのだろうか?

「力太郎」と「六人組の世界旅行」との決定的な相違は、仲間のもつ機能、つまり仲間が物語のなかで果たす役割である。「六人組の世界旅行」の面白さは、それぞれの仲間がもつ特殊な能力にかかっているといっていい。速足は誰よりも足が速く、猟師はどれほど遠い的にも鉄砲の弾を命中させる。またどれほど暑い部屋でも直ちに寒くできる男もいれば、どれほど重い荷物でも担ぐことのできる男もいる。家来たちはどのような難局にでも対応できるのである。

一方「力太郎」はどうか。「力太郎」にも岩を転がす（割る）「石子太郎」や、お堂を背負う「御堂子太郎」などの怪力の仲間が現れる。しかし彼らの能力は決して主人公には及ばない。しかもこれらの仲間は、肝心の化け物退治という難局において、化け物に呑まれてしまったり、鬼の家の門を開けることができなかったり、鬼のキモを海に落としてしまったりする。つまり何の役にもたたないのである。

「力太郎」に登場する不思議な仲間は、化け物退治の役にたたず、それどころか足手まといにしかならない。極端にいえば「力太郎」に仲間は不要なのである。ではいったい、彼らは何のために登場するのか。

ここに「力太郎」の正体を明らかにする鍵が隠れていると私は考えている。「力太郎」が現在のような形になる前の段階では、彼らも何らかの役割を果たしていたのではないか。それが分からなくなってしまったために、「六人組の世界旅行」と混同されるようになったのではないか、と思うのである。

不思議な仲間の意味については最後に考えることとして、次に「力太郎」と「桃太郎」との関係について考えてみよう。

2.「桃太郎異譚」と「太郎次郎三郎」

「桃太郎異譚」

「力太郎」と「桃太郎」とは、たしかに似た話である。双方とも主人公は異常誕生児であり、急速に成長し、力持ちである。そして双方とも旅に出て、途中で出会った複数の者を仲間（お供）にし、最後には化け物（鬼）を退治する。

前章で見たように、秋田県の「力太郎」では、主人公の名を「桃内小太郎」「桃根子太郎」など、「桃太郎」に近い名で呼んでいる。また「雉の子太郎」でも、鬼ヶ島へ鬼退治に向かうなど、明らかに「桃太郎」の影響、あるいは「混線」が見られる。これは明らかに、両話の筋立てが類似しているからである。このため「力太郎」は、昔話研究史上「桃太郎」の原型、あるいは「桃太郎」とその古い形式とをつなぐ「ミッシングリング」とみなされてきたのである。

ここで重要になるのが、関敬吾が「力太郎」と「桃太郎」を媒介する話として挙げた、「桃太郎異伝（「桃太郎異譚」のこと）」「太郎次郎三郎」という話である。これらはどのような話なのだろうか。まず山下久男が戦前に石川県江沼郡西谷村（現加賀市）で採録し、「桃太郎異譚」という名で報告した話を見よう。

〈例話10〉

爺と婆がいる。婆が川に洗濯に行くと桃が流れてくる。婆は桃を拾って家に帰り、包丁を当てると男の子が出る。

その子はだんだん力がついてくる。背戸のよの木（家の裏手に生えているエノキ）を抜いて、隣の屋根にもたせた。ほしたら「じとらどん」という隣家の親父が、こんどは「打たぬ太鼓の鳴り太鼓をしてこい（持ってこい）」という。桃太郎が紙を張った篩《ふるい》の中に虻《あぶ》を入れて転がすと、良い音がする。親父は次に「こんどは灰の草履をしてこい（灰で作った草履を持ってこい）」という。桃太郎は草履を燃やして持って行く。親父は上手にできたとほめ、「こんどは鬼ヶ島へ行って鬼の牙を取ってこい」という。桃太郎は「かしこまったり」と言って家に帰り、暇乞いして旅に出る。

桃太郎がしばらく行くと、山から大きな岩が転がってくる。桃太郎が岩を蹴ると、中から柿太郎が出てきて友だちになる。またしばらく行くと、また山から大きな岩が転げてくる。柿太郎が岩を蹴っても割れない。桃太郎が蹴ると、岩は二つに割れて中からからすけ太郎が出てきて友だちになる。

鬼ヶ島に着くと、鬼は柿太郎もからすけ太郎も呑んでしまう。桃太郎が友だちを出さねば合点せんと言って鉄棒を振り回すと、鬼は柿の葉を呑んで柿太郎を出し、烏の羽を呑んでからすけ太郎を出す。鬼は降参し、三人は鬼の牙を取って帰る。

途中で山姥が臼を挽いていて、どこへ行ってきたのかと問う。鬼の牙を取ってきたというと、それは珍しいので見せてくれと言う。婆の手に鬼の牙を載せてやると、臼の中から風が出て、牙を吹いて行ってしまい、どこへ行ったか影も形もない。柿太郎は山を探し、からすけ太郎は川を探し、桃太郎は海を探すが、無いときには三人が海へはまって死のうと相談した。[9]

何とも奇妙な話で、特に結末の部分は冗談のようである。しかし前章で東北地方のいろいろな「雉の子太郎」を見たうえでこの話を見ると、この話は名前こそ「桃太郎」というものの、東北地方に点在する「力太郎」、もっと正確にいえば「雉の子太郎」の類話であることは明らかである。

ところでこのような奇妙な結末は、語り手が語り変えたもの、という可能性はないのだろうか。何と言っても口承の昔話は、語り手が自由に語り変えることが可能なのである。ところがこの話が採集された四十年後、同地の真砂地区でほとんどこれと同じ話が採録されており[10]、「桃太郎異譚」にもそれなりの伝統があったことが分かっている。

さて、「桃太郎異譚」の冒頭部分はまったく「桃太郎」である。ただ「桃太郎」の定番である鬼退治が、ここでは隣の爺による難題になっているところが特徴的である。一方、柿太郎・からすけ太郎など、石の中から出てきたお供を連れて鬼ヶ島へ行くというのは、新潟県と岩手県の「雉の子太郎」〈例話4・5〉と共通している。

ここで注目すべき点は、山姥（に化けたらしい鬼）に鬼の牙を奪われるというくだりである。奪われた身体の一部を取り返しに鬼が現れるというのは、秋田県北秋田市（旧阿仁町）に伝わる「きじない太郎」〈例話6〉の、鬼が座頭に化けて眼を奪い返しに来るくだりに等しい。また桃太郎が海に入って牙を探すところは、岩手県岩泉町の〈例話5〉で、海に落ちた鬼のキモを探しに海へ入るくだりとまったく同じである。

つまりこの加賀の「桃太郎異譚」は、東北地方一円に広がる「雉の子太郎」の、北陸地方における重要な類話なのである。おそらくその背後には、かつて東北地方から北陸地方にかけて広がる大きな伝承があったものであろう。

日本昔話の研究者である野村純一（一九三五〜二〇〇七）は、『新・桃太郎の誕生』（二〇〇〇）のなかで「桃太郎異譚」のみならず新潟県に伝わる「雉の子太郎」〈例話4〉に注目し、「（これらの話は）もはや単なる『異譚』としての地位を退け、これこそが在地の桃太郎であるとする保証と名乗りを挙げたことになろう」と述べている。[11] つまり「雉の子太郎」や「桃太郎異譚」を「在地の桃太郎」と見ようというわけである。しかしこれらの話は、主人公の名こそ「桃太郎」だが、「在地の桃太郎」というよりは「在地の力太郎」というべき伝承ではないだろうか。

「太郎次郎三郎」

次に関敬吾が注目したいま一つの話について見よう。それは哲学者で昔話の研究者でもあった杉原丈夫（一九一四〜一九九九）が一九六〇年代に報告した、福井県勝山市の「太郎次郎三郎」という話である。

〈例話11〉

婆が川に洗濯に行って桃と梨と柿を拾う。そこから三人の子が生まれ、太郎次郎三郎と名付ける。三人は大飯食らいで、一日たてば一升、二日目には二升、三日目には三升食べる。

爺の所へ割木担ぎに行かせると、太郎が割木を担いでくると後の山へひびき、次郎が担いでくると山に割け目ができかけ、三郎が置いたら山が崩れかける。婆は「ママばかり食うので出ていけ」という。

三人は釜一杯の飯を平らげて旅に出る。笹薮があったので三人は笹を切りひらき襷や帯にする。大きい川があったので三人で水を飲み干す。今度は大きな石があったので、三人は小便をして石を流してしまう。

一軒家があるので訪ねていくと、娘が泣いている。化け物が今夜、自分を食べに来るという。三人は助けてやろうといって太郎が三階の窓、次郎が二階の窓、せど（裏口）には三郎が待ち受ける。やがて化け物がやって来るが、三人は化け物を取り押さえて柿の木にくくり付ける。

翌朝、化け物は縄を切って逃げていたので、血の跡を追うと池に入った形跡があり、そこには娘の父母の骨が落ちていた[12]。

この話が先の「桃太郎異譚」と無関係でないことは明らかである。ここには主人公の前に次々と現れる不思議な仲間は登場しない。それに当たるのは兄弟である。そして兄弟が笹薮を切り開いたり石を流したりするのは、岩石や植物に関係深い「力太郎」の不思議な仲間と同じである。おそらく彼らが本来的にはそこから出現したことを示すものだろう。

この話の最大の特徴は、先の「桃太郎異譚」にはない、兄弟が化け物を追いかけるくだりである。ところが兄弟がせっかく化け物の血の跡を追跡しながらその後の展開はなく、化け物が池に入ったところで話は終わってしまう。なにか後半が欠落したようにも見える。

これと同じように傷ついた化け物を追いかける話は、宮城県本吉《もとよし》郡にも伝わっている。「岩砕じど堂しょえど知恵門」と名づけられた話である。

〈例話12〉

むかし大きな鬼が出て毎晩子供をさらう。村人達は隣村の「えわ（岩）砕じ」と「堂しょえ（背負い）」と「つえもん（知恵門）」を頼んで退治してもらう。

つえもんが鬼の通り道に鉄の門をこしらえて大きな岩を乗せておき、石が鬼の頭に落ちて弱ったところを退治しようというが、えわ砕じは俺が門の中で待ち受けて退治するという。堂しょえも一人でやるという。

鬼の通り道に門を三つ作って、一の門にえわ砕じ、二の門に堂しょえ、三の門につえもんが待ち受ける。鬼はやって来て一の門でえわ砕じを呑み、二の門で堂しょえを呑むが、三の門を開けようとして石が落ちてきて、血だらけになって逃げる。

つえもんは血の後を追うと、鬼は沼の縁で頭をかかえてしゃがんでいた。ひと突きにしようとすると鬼が許してくれというので、仲間を吐き出させる。村人は安心して暮らせるようになった。[13]

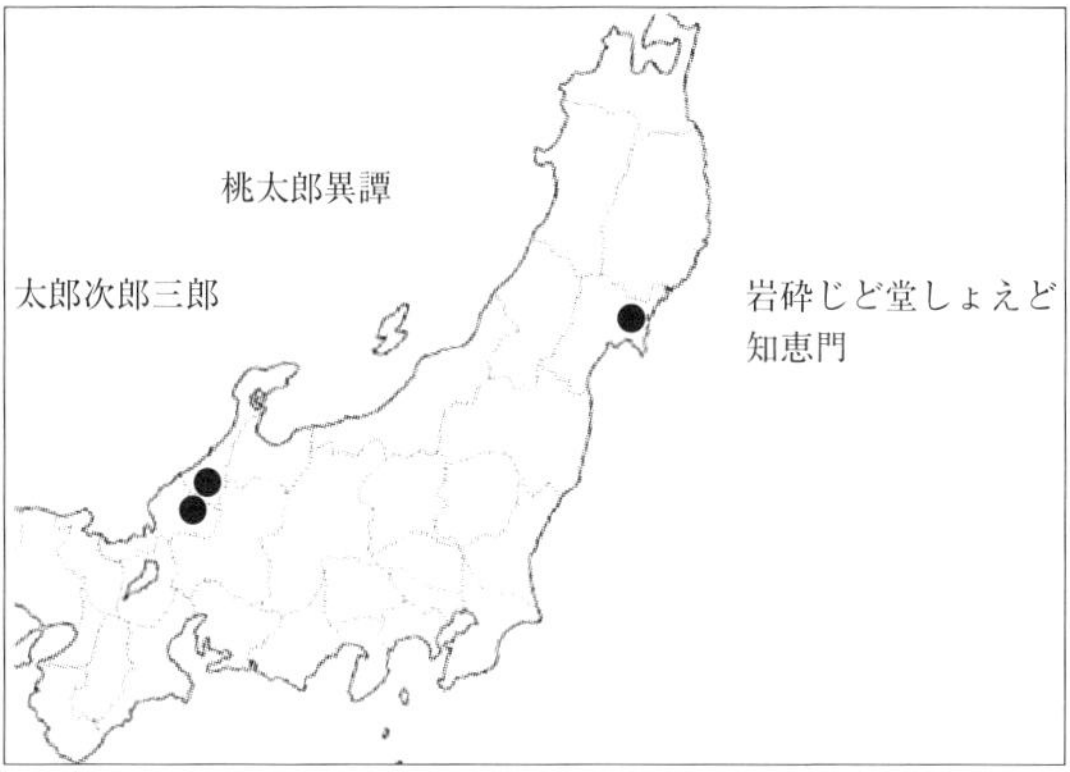

地図３　例話の伝承地

「つえもん（知恵門）」という主人公が、「えわ砕じ（岩砕き）」と「堂しょえ（堂背負い）」という仲間と共に隣村を襲う鬼を退治する話である。ここには主人公の異常誕生もなく、次々に仲間と出会うくだりもない。明らかに「力太郎」の不完全な類話というべきである。ただこの話の注目すべき点は、「太郎次郎三郎」同様、主人公が傷ついた化け物を追跡するところである。

鬼は「えわ砕じ」と「堂しょえ」を呑み込んでしまう。ところが三の門の上に置かれた石に当たって、鬼は血だらけになって逃げる。「つえもん」が血の跡を追うと、鬼は沼の縁で頭を抱えてしゃがんでいる。鬼を殺そうとすると命乞いしたので、「つえもん」が仲間をはき出させたという。化け物が仲間を呑みこんでしまうのは、「力太郎」と同じである。最後に血を流しながら逃げる化け物を追いかけるくだりを見ると、やはりこの物語にはその後の展開を語っていた時代があったように思われる。

桃から生まれた桃太郎という若者が、二人のお供をしたがえて鬼ヶ島から鬼の牙を取ってくるという加賀の「桃太郎異譚」。そしてやはり桃から生まれた太郎が兄弟と一緒に化け物退治をして娘を助けるという、さらに一歩「力太郎」に近づいた「太郎次郎三郎」。これら二つの話は、「桃太郎」を「力太郎」と結びつけ、ひいては「桃太郎」を「六人組の世界旅行」と結びつけるための、格好の話だった。

しかし現在の知見から見ると、そのシナリオには無理があると言わざるを得ない。「桃太郎」は、「力太郎」というより、むしろ「猿蟹合戦」の系統につながる話である。この問題については、ここでは立ち入らないが、「桃太郎」の古い形は「猿蟹合戦」の古い形態に近いものである。古い「猿蟹合戦」では蟹が黍団子を持って敵討ちに行くことになっており、一方「桃太郎」の中にも栗や蜂、臼などがお供になる話がある。つまり「桃太郎」のお供として有名な犬・猿・雉は、「猿蟹合戦」の栗や蜂、臼などと同類で、同じお供といっても「力太郎」の不思議な仲間とは素性がちがうのである。[14]

「力太郎」は、世界的な「六人組の世界旅行」と同類型の話でもなく、日本の「桃太郎」

とも異なる話だった。では「力太郎」は、いったいどのような素性をもった話なのだろうか。そのことについて考える前に、もう一つの「桃太郎」について考えてみなければならない。

3.「山行き型・桃太郎」とは何か

山行き型

中国地方から四国にかけて、「山行き型」「寝太郎型」などと言われる「桃太郎」が伝わっている。これは一般的な「桃太郎」とはまったく異なった話で、主人公の桃太郎は怠け者である。桃太郎は山仕事に誘われても、あれこれと口実を設けて山に行こうとはしない。ようやく山に入っても居眠りばかりしているが、さて帰る段になると怪力を発揮する。

たとえば、磯貝勇（一九〇五～一九七七）の『安芸国昔話集』（一九三四）に載る、広島県安芸郡矢田町（現広島市）の「桃太郎」は次のようである。短い話なので、全文紹介しよう。

〈例話13〉

「桃太郎さん桃太郎さん、今日は山へ行きませう」

「山へ行かうにゃァ背負梯子《おいこ》がない」

「おいこは父つあんのが有らうがい」

「おいこはあつても杖がない」

「杖も父つあんのが有らうがい」

「杖はあつても鎌がない」

「鎌も父つあんのが有らうがい」

　桃太郎さんが皆と一緒に、山へ柴刈りに行つた。友達《とぎ》は荷を一生懸命に作つたが、桃太郎さんはおいこを枕にグーグー寝たげなよ。

「桃太郎さん桃太郎さん　もう荷が出来たけん帰りませう」トギが桃太郎さんを見ると、大小便《おーしょーべん》をして居つて、荷が出来とらん。桃太郎さんが起きて眼をこすりこすりあたりを見ると、トギの荷は出来とるが自分の荷が出来とらん。桃太郎さんは傍《ねと》の大木に抱きついて力一杯引き抜いて、それを荷にして帰つたげな。

　桃太郎さんは、寝とつて大小便をたれたが、荷は作つたげな。[15]

　桃太郎と友達の軽妙な問答を中心とする話だが、「桃太郎」といいながら、ここには桃から生まれるくだりがないだけでなく、黍団子を与えてお供につけたり、鬼退治のくだりさえない。

岡山県哲西町（現・新見市）には、桃から生まれた桃太郎が山に行くという話がある。桃太郎は、山に木を拾いに行こうという友達の誘いをあれこれ理由をつけて断る。桃太郎は山へ行っても居眠っているが、いよいよ帰るときになると、大きな木の株を引き抜いて帰る。ところがこの話ではその後に、引き抜いて来た木をどこに下ろそうかという問答があり、「木小屋へ下ろせ」といわれた桃太郎は担いできた大木を木小屋へどんと下ろし、木小屋を壊してしまうのである[16]。

通常の「桃太郎」が、桃からの誕生と犬・猿・雉のお供を連れて鬼退治に行くところに興味の中心があるのに対し、ここでは山に行こうと誘われてもなかなか同意しない桃太郎と友達との問答、山に行っても眠っているだけの怠け者の桃太郎が最後に見せる怪力に、興味が集中している。

爺婆を殺す桃太郎

ところで岡山から瀬戸内海を渡った四国にも、同じような「桃太郎」があった。徳島県東祖谷山村《いややま》（現三好市）に伝わる、さらに変わった「桃太郎」を紹介しよう。

〈例話14〉

桃太郎は爺と婆と三人で住み、毎日自分のしたいことをして遊んでいる。ある日、爺がちょっとは自分の足しになることをせねばならんという。桃太郎は家の足しになることをしようと山へ行ったが、仕事を知らないので、木を根っこから引き抜いて担いでくると、木を家に立てかけた。そしたらバリバリと家がつぶれて、爺さんはめしぞうけ（飯籠─引用者注）に首突っ込んで、婆さんは雑炊鍋に首突っ込んで死んでしまった。[17]

日本全国に散在する変わり種の「桃太郎」に注目した野村純一は、この話について「よくもまあ、これで『桃太郎』とはいったものである。……これでは一編の昔話としてはほとんど整合性に欠け、あまつさえ、全体の不協和音はすこぶる著しい」と述べている。[18] それほどこの話は、一般的な「桃太郎」とは似ても似つかないものである。

この東祖谷山の「桃太郎」は、結末を面白おかしく表現したもののようだが、結果として育ての親である爺婆を殺してしまうのだから、確かに「桃太郎」としては「整合性に欠け」ると言っても間違いではない。

しかし桃太郎が育ての親を殺してしまうという話が、必ずしも東祖谷山の話者の思い付きではなかったことは、次の例を見れば明らかだろう。香川県三豊《みとよ》郡麻村（現三豊市）の話である。

〈例話15〉

桃太郎は爺と婆と三人で住んでいる。友達と山へ柴刈りに行く約束をする。「今日、柴刈りに行きませんか」「今日は草鞋の作りかけしよるけん明日にしてくれ」「今日、柴刈りに行きませんか」「今日は草鞋のひきそを引つきよるけん……」……「今日はさあ行こう」。桃太郎は山で昼寝ばかりする。帰ろうとすると大木を引き抜いて家に帰る。家のおだれ（庇の柱）へたて掛けると木が大きいので家は崩れて爺と婆は下敷きになって死ぬ。

桃太郎が爺婆を助けようと家の中を探すと大きなたらいがあり、それに乗って川を下り海の真ん中の島に流れ着く。青鬼と赤鬼が相撲をとっている。桃太郎が囃し立てると鬼が打ってかかってきたので二匹を束にして海に投げ入れ、宝を取って帰る。[19]

この話では最後にとって付けたように鬼退治をいうが、明らかに重心は前半の桃太郎の怪力にある。桃太郎がその怪力で育ての親まで殺してしまうというくだりを、話者の遊びと見るのは簡単である。しかし、このような「山行き型」は岡山県にもあり、そこでは桃太郎があまりにも大きな柴を背負って帰ったので、爺はじいっくり、婆はばあっくりして死んでしまったという。[20]

また島根県旧八束郡美保関町（現松江市）の伝えでも桃太郎が担いで帰った大木をせんち（便所）の屋根に置くと、せんちが倒れて中に入っていた婆が押しつぶされ、これを見た鼠が「じじっ」と鳴いたところ、婆が「じじだないばばだ」と言ったという話がある。[21] この二つの話などは、笑い話のように語りおさめているために印象は和らいでいるが、桃太郎が爺や婆を殺してしまうことに変わりはない。つまりこのような説き方にも、それなりの広がりと意味があったのである。

4．変わり種の「桃太郎」と「力太郎」

木を引き抜く童子

以上、中国、四国地方の「山行き型・桃太郎」を紹介した。「山行き型・桃太郎」は、従来「桃太郎」の変型、変わり種と見られてきたものだが、私はむしろ「力太郎」の一種だろうと考えている。

たとえば「山行き型」に見える、昼寝ばかりしていて一向に働こうとしない主人公が、山から引き抜いてきた木をもたせかけ、小屋を壊してしまうというくだり。このくだりは、先に見た北陸地方の「桃太郎異譚」〈例話10〉と「太郎次郎三郎」〈例話11〉にもあったものだが、特に「桃太郎異譚」では、桃太郎が「背戸のよの木を抜いて、隣の屋根にもたせた」ことになっている。ここで注目すべきは、隣の親父が「こんどは…」と何度も難題を出しているところである。「山行き型」で桃太郎が山から木を切ってくるのは、誰かに命じられた難題であったのではないか。

福井県勝山市の「太郎次郎三郎」では、三人の異常誕生児がいずれも大食らいで、「割木担ぎに行かせると、太郎が割木を担いでくると後の山へひびき、次郎が担いでくると山に割れ目ができかけ、三郎が置いたら山が崩れかける。」怒った婆は出ていけという。

改めて東北地方の「力太郎」を見ると、山から木を担いでくる趣向は、秋田県由利本荘市の「桃太郎」にもあった。ここでは桃太郎は五歳で山から柴をひとつしょって帰ったという。[22]また昼寝している主人公が突如怪力を発揮するというくだりは、岩手県江刺郡米里村（現奥州市）に伝わる「力太郎」〈例話2〉の、十五歳まで嬰児籠に入って口がきけなかったという話とも、どこかでつながっていそうである。

香川県の「山行き型・桃太郎」を報告した武田明は、「この桃太郎は力太郎系の昔話が讃岐にも存在することを証拠だてるもの[23]」と述べ、「山行き型・桃太郎」との関係に言及している。中国・四国地方の「山行き型」は、北陸の「桃太郎異譚」や「太郎次郎三郎」を介して、東北に伝わる「力太郎」ともつながっていたのである。

「山行き型・桃太郎」は中国、四国地方に広がっているが、新潟県中部の南蒲原郡にも典型的な話があった。爺と婆が桃から出た子を桃の子太郎として育てる。近所の人が太郎を山に誘うが動こうとしない。太郎が山へ行って大木を引き抜いて帰ると、地響きがして山が鳴る。殿様は使いを出して何の音か見に行かせ、太郎を「鬼退治」に行かせる。後は一般的な「桃太郎」と同じである[24]。

一方、鳥取県日野郡日南町に伝わる「山行き型・桃太郎」の類話では、桃太郎を山に誘う友達の名を「キジの小太郎」と呼んでいる例がある[25]。ここにも微かながら「力太郎」との交渉の跡が見えている。これらの話の背後には、なにか大きな共通母胎のようなものがあったように思われる。

小泉小太郎

さらに長野県小県《ちいさがた》郡に伝わる小泉小太郎の伝説も、「山行き型」と無関係ではないだろう。

〈例話16〉

むかし西塩田村前山区の銕城《てつじょう》山に寺があり、その寺の住持のところに夜ごと美しい女が訪ねて来る。正体を知ろうと針に糸を付けて女の着物に刺しておくと、糸は産川の鞍淵の岩屋に入り込んでいる。女の正体は大蛇であり、蛇は岩屋の中で赤子を生んで死んだ。

下流の小泉村に住む老婆がその子を拾って育て、子は小泉小太郎と呼ばれた。小太郎は十四、五歳になるまで大飯を食って遊んでいたが、婆にたしなめられたので小泉山に登って山中の萩をすべて根こぎにして、それを二抱えほどの束にして持ち帰り、婆には決して束を解かず、一本ずつ抜くように言っておいた。

ところが婆は何気なく結び綱を解いたところ、その萩は家いっぱいに広がって、婆は押しつぶされて死んだ。今でも小泉山に萩が無いのは、このためだという。[26]

この話は発端こそ、糸をたどって訪問者の正体を知るという、苧環《おだまき》型のモチーフで始まるが、異常誕生児が怠け者である点、そして山へ行って柴刈りに異常な力を示すところは「山行き型」と変わらない。しかも興味深いことに、小太郎が刈ってきた大きな萩の束によって育ての親である婆が死んでしまうと言う。これは「山行き型」との無視できない一致と言うべきであろう。

このように見てゆくと「山行き型・桃太郎」に類する物語は、中国・四国地方の地方的な変化ではなく、やはりその背後に何か大きな伝承が流れていたようである。それにしても桃太郎はなぜ山に行くことを嫌がり、そして山に行けば怪力を発揮して木を担いで帰り、場合によっては爺と婆を殺してしまうのであろうか。

「力太郎」の素性

「六人組の世界旅行」と「桃太郎」は、「力太郎」と同系統の話とされてきた。しかしこれらの昔話は、いずれも「力太郎」とは別の物語である。そのことは、双方の話に見える「仲間」の性質を比べてみれば明らかである。

すなわち「六人組の世界旅行」は、多くの仲間がそれぞれの異能によって難題を解決するところに興味の中心があり、あくまでも主人公の活躍を説く「力太郎」とはまったく異なっている。一方「桃太郎」は、たしかに表面的には「力太郎」と似ており、「力太郎」の中には「桃太郎」との混同が進んだ話もある。しかし「桃太郎」に従う猿・犬・雉は、それぞれの特性をもって主人公の敵討ちに「助っ人」として協力し、これもまた「力太郎」のお供とは異なった存在なのである。

ただ、同じ「桃太郎」といっても、変わり種の「桃太郎」とされてきた北陸地方の「桃太郎異譚」〈例話10〉や「太郎次郎三郎」〈例話11〉のお供は、まったく「力太郎」のお供に等しいものである。さらに中国・四国地方の「山行き型・桃太郎」にはお供は登場しないが、この話は「力太郎」の怪力を表現するくだりが一つの物語になったもので、やはり「力太郎」と無関係とはいえない。そのように考えてみると「力太郎」は、今まで東北地方の昔話とされてきたが、実は日本的な広がりをもっていたのである。

くり返すようだが、「力太郎」に現れる「不思議な仲間」は、まったく主人公の助けにならず、足手まといにしかならない。にもかかわらず、彼らはいったいなぜ登場するのか。最後にその理由について答えておこう。

それは、「力太郎」が本来、もっと長い物語であったからである。そこではお供（不思議な仲間たち）はその本性を明らかにすることになっていた。すなわち、無能で臆病なお供は、主人公を裏切り窮地に陥れるはずであった。ところが「力太郎」では、お供が主人公を裏切らないうちに物語が終わってしまう。昔話として流布している「力太郎」のお供がさっぱり役に立たず、むしろ足手まといになってしまうように見えるのは、そういうわけなのである。

それでは「力太郎」の原型ともいうべき、化け物退治に加わった不思議な仲間たちが、主人公を裏切る話とは何か。
それを知るために、われわれはしばらく日本を離れ、中国大陸、それも内陸辺境部の少数民族地帯に向かわなければならない。

注

［1］関敬吾『日本昔話集成』（六冊）角川書店　一九五〇～一九五八年
［2］Thompson, Stith. *The Types of the Folktale*, (FF Communications, no.184), Helsinki, 1961.
［3］Hans-Jorg Uther, *The Types of International Folktales*, (FF Communications,no.284), Helsinki, 2004. ハンス＝イェルク・ウター［著］、加藤耕義［訳］『国際昔話話型カタログ　分類と文献目録』小澤昔ばなし研究所　二〇一六年
［4］関敬吾『日本昔話集成　第二部の1』角川書店一九五三年　三一九頁。稲田浩二『日本昔話タイプ・インデックス』（同朋舎　一九八八年　二八八頁）では、「こんび太郎（力太郎）」の対応タイプとして、「AT五一三」とともに「AT三〇一B」を挙げている。
［5］関敬吾『日本昔話大成』第三巻　角川書店　一九七八年　五八頁
［6］関敬吾は、一九六三年に刊行した『グリム昔話集』の訳書に付した「アアルネ・グリム・日本昔話対応表」では、「六人組世界歩き」（AT五一三A）を「力太郎」と対応するとしながら、「地面の下に住む一寸法師」（AT三〇一）も「力太郎」と対応するとしている。（関敬吾・川端豊彦［訳］

［7］『グリム昔話集（六）』（角川文庫）角川書店　一九七一年〔一九六三年〕二二九〜二四五頁）
［8］関敬吾「解説」、柳田国男『桃太郎の誕生』（角川文庫）角川書店　一九八三年〔一九七三年〕四二六〜四二七頁
［9］関敬吾・川端豊彦〔訳〕『グリム昔話集（三）』（角川文庫）角川書店　一九七一年　九一〜九七頁
［10］山下久男『加賀昔話集』岩崎美術社　一九七五年　九三〜九五頁
［11］黄地百合子・大森益雄・堀内洋子・松本孝三・森田宗男・山田志津子〔編〕『南加賀の昔話』三弥井書店　一九七九年　一一〇〜一一六頁
［12］野村純一『新・桃太郎の誕生』吉川弘文館　二〇〇〇年　一六四頁
［13］杉原丈夫『越前の民話』福井県郷土誌懇談会　一九六六年　一七〜一九頁
［14］佐々木徳夫『むがす、むがす、あっとごぬ、第一集』未來社　一九七八年　三二五〜三二九頁
［15］斧原孝守『猿蟹合戦の源流、桃太郎の真実』三弥井書店　二〇二二年　六三〜八六頁
［16］磯貝勇〔編〕『安芸国昔話集』岩崎美術社　一九七四年　五一頁
［17］稲田浩二・立石憲利〔編〕『奥備中の昔話』三弥井書店　一九七三年　一二六〜一二九頁
［18］細川頼重〔編〕『東祖谷昔話集』岩崎美術社　一九七五年　一六〇〜一六一頁
［19］野村、前掲書、一八二頁
［20］武田明『西讃岐地方昔話集』岩崎美術社　一九七五年　一五〜一六頁
稲田浩二・小澤俊夫〔編〕『日本昔話通観 第一九巻 岡山』同朋舎出版　一九七九年　一一二〜一一三頁。『新見阿哲地方のむかしばなし集』（ノートルダム清心女子大学国文科一年　一九六七年 自刊）を引く。

〔21〕立石憲利『桃太郎話　みんな違って面白い』岡山市デジタルミュージアム　二〇〇六年　一六二～一六三頁。『島根県八束郡美保関町民話集』（島根大学国語教育研究室　一九九七年　自刊）を引く。
〔22〕常光徹・黒沢せいこ〔編〕『鳥海山麓のむかし話　佐藤タミの語り』イズミヤ出版　二〇〇九年　一二二頁
〔23〕武田明、前掲書　一六頁
〔24〕稲田浩二・小澤俊夫〔編〕『日本昔話通観　第一〇巻　新潟』同朋舎出版　一九八四年　三八九頁。『越後下田郷の昔話』（下田村立鹿峠中学校　下田村中央公民館　一九七六年刊）を引く。
〔25〕立石憲利、前掲書　一四六～一五〇頁。『日野・日南町昔ばなし』（ノートルダム清心女子大学国文科民話班　一九六九年　自刊）を引く。
〔26〕小県郡〔編〕『小県郡史　余篇』小県時務局　一九二三年　四六～四七頁。川谷真氏の教示による。

第三章　中国大陸に「力太郎」を求めて

1．比較民話学と中国少数民族

昔話の類似

今からしばらく、「力太郎」の類話を求めて、中国辺境地帯に住む少数民族に伝わる昔話のあれこれを見てゆこう。しかし、よりにもよって、なぜ中国の辺境部なのか。まずそのことについて説明しておきたい。

比較昔話研究では、当該の昔話の類話、つまり類似した例を集めて比較する。この場合、比較すべき類話は明らかに同じような形をもっている場合が多いが、類似している話が必ずしも同源であるとは限らない。前章で見たように、一見「桃太郎」と類似しているように見える「力太郎」が、「桃太郎」とは別種の話であるということもあるからである。

一方、一見似ても似つかない話が同源である場合もある。たとえば「桃太郎」と「猿蟹合戦」はずいぶん異なっているが、内外の類話を比較すると、同じタイプの話に還元される。[1]

昔話の系統の判断は、類話の地理的な分布と個々の類話の変化、古い説話の記録など、さまざまな条件を考慮して行わなければならない。この場合、もし昔話というものが、語り手が思いつくままに創作しうるものであれば、比較研究は成り立たない。昔話が相互の比較によってその歴史的な関係を推定できるのは、昔話が保守的な性質をもっているからである。つまり語り手は、伝えられた話を大きく語り変えることが少ないのである。

むろん長い歴史の中で、まったく新しい話が創作され、それが昔話として語り広められたことがなかったとはいえない。今に伝わる何千という昔話も、もとはといえば誰かの創作によるものであろう。しかし昔話の伝承者は、自分の聴いた話をそのまま記憶し、それを忠実に伝えることが多かった。このため、同じような話が広い範囲にわたって、語り広められることになったのである。

これに対し、人間というものはどんな民族であっても同じようなことを考えるため、昔話のような短い物語であれば、世界中どこにでも同じような話が生まれても不思議ではないという考え方がある。そのような考え方を否定するわけではないが、昔話を構成するモチーフや挿話のつながりは、複雑であればあるほど偶然に一致することはありえない。

「力太郎」の国際比較

「力太郎」を考えるにあたっても、異常誕生、異常な大食、木を引き抜いて持ち帰るほどの怪力、旅立ち、「不思議な仲間」との出会い、怪物退治等々、「力太郎」の類話群を構成する挿話やモチーフ、特徴的な要素をもった類話をできるだけ広く集め、比較する必要がある。その場合、異民族の類話との比較は、まずは地理的に近接した民族との比較からなされるべきである。隣接する民族は文化的な交流も頻繁であったため、昔話においても同じ話を共有している場合が多いからである。日本の昔話でも、韓国の昔話と一致する話が多いことはよく知られている。[2]

ところが「力太郎」に限っていえば、日本と地理的に近く、歴史的にも強いつながりのある韓国や中国（漢民族）の昔話の中には、これと似た話をほとんど見出すことができない。「力太郎」は、日本で生まれた話なのだろうか。

しかし隣接する民族のあいだに類話を見出すことができないからといって、「力太郎」が日本独自の昔話であるということにはならない。日本はアジア大陸の東に浮かぶ列島、つまり東アジアの辺境部に位置し、いろいろと古い伝承を残している。一方、同じ東アジア辺境に位置する中国大陸の周縁地域——つまり少数民族の居住区——にも、日本同様、古い伝承が伝わっている場合がある。このため、日本の昔話の類話は、近接した地域よりも、かえって遠いところに類話があることが少なくないのである。

たとえば日本の昔話の代表とされる、いわゆる「五大昔話」(「桃太郎」「猿蟹合戦」「舌切り雀」「カチカチ山」「花咲か爺」)がそうである。これらのうち「花咲か爺」を除く四つの昔話は、韓国や漢民族の昔話の中には、明らかにそれと分かる類話はほとんど知られていない。ところが日本に近い韓国や漢民族の居住地域を越えた、中国辺境の少数民族の間に、かえってそれらの類話が見いだされるのである。[3] この現象は、漢民族に発し中国大陸に拡散した物語が、中央部では新しい流行に置き換わって消滅し、周辺部に残存したためと考えられる。

これと同じような状況は、「力太郎」にも当てはまる。そして私が「力太郎」と最も類似性の強い、つまり歴史的にも関係が深いと考える類話は、やはり中国の少数民族、それも西北部から西南部の辺境地帯に居住する少数民族のあいだに濃密に伝わっているのである。

中国少数民族の伝承

ここで中国の少数民族について、すこし解説しておこう。

多民族国家である中国には、圧倒的多数を占める漢民族(漢族)のほか、五十五の少数民族が居住している。彼らはおおむね、漢民族居住区の周縁地域に暮らしている。少数民族とはいえ、南方のチワン(壮)族のように数千万人の人口をもつ民族もあれば、インド国境に住むロッパ(珞巴)族のように数千人しかいない民族までいろいろである。

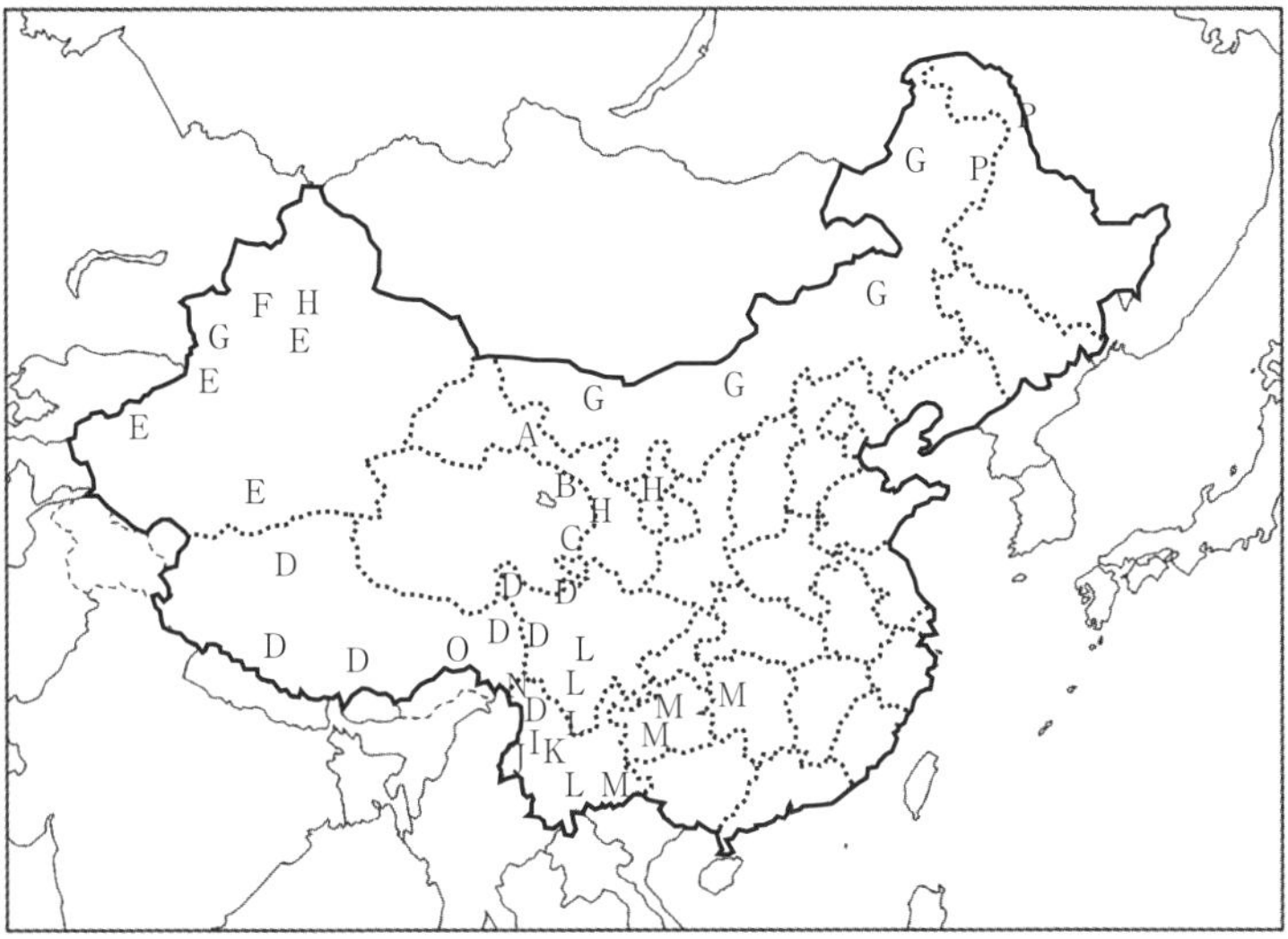

A	ユーグ族	B	トゥー族	C	サラール族	D	チベット族
E	ウイグル族	F	カザフ族	G	モンゴル族	H	ホイ族
I	プミ族	J	リス族	K	ペー族	L	イ族
M	ミャオ族	N	トーロン族	O	ロッパ族	P	オロチョン族

地図４　本書で扱う少数民族の居住地域

これら少数民族の中には、チベット（蔵）族やモンゴル（蒙古）族、あるいはかつて清朝の支配民族であった満洲族のように、固有の文字をもち、高い文化をもつ民族もある一方、近代になっても文字をもたない民族も多く、彼らのあいだにどのような神話や伝説、昔話といった口承文芸が伝わっているのかということについては長らく不明であった。ところが中華人民共和国の建国以降、少数民族の伝える民間文学の調査が組織的に行われた結果、彼らのあいだに多彩な口承文芸が伝承されていることが明らかになったのである。

本章でまず取り上げるのは、中国西北部に住む少数民族である。中国西北部に広がる広大な草原地帯にはモンゴル族が居住していることが知られているが、西域に抜ける回廊地帯、いわゆる「河西回廊」の周辺にも多くの民族が居住している。このうち寧夏回族自治区には、イスラーム教徒で漢語を話すホイ（回）族、甘粛省や青海省にはモンゴル系のトゥー（土）族やユーグ（裕固）族、テュルク系のサラール（撒拉）族などが居住している。またそこからさらに西に広がる新疆ウイグル自治区には、テュルク系のウイグル（维吾爾）族やカザフ（哈薩克）族、イラン系のタジク（塔吉克）族など多くの民族が暮らしている。

これらの中で、われわれにとって重要な伝承を伝えるのが、河西回廊周辺のユーグ族やトゥー族、サラール族、さらに甘粛省と四川省北部の境界地域に住む白馬チベット族などの、比較的人口の少ない民族である。

また中国の西南部、すなわちチベット自治区の東部から雲南省・四川省西部にかけての地域も重要である。なかでもインドシナ半島に続く雲南省は、中国でも最も複雑な民族相をもつ地域として知られており、その複雑に入り組んだ山ひだには、二十五の民族が暮らしている。かつて照葉樹林文化論で注目されたように、雲南は日本の基層文化と関係深い、さまざまな文化を伝える地域である。同時に昔話の比較研究においてもこの地域は伝承の宝庫であり、それは「力太郎」においても例外ではないのである。

それでは、いよいよ舞台を日本から中国大陸の奥地に移し、中国西北部ならびに西南部の少数民族のあいだに伝わる物語について紹介することにしよう。

2. 中国西北少数民族の類話

ユーグ族の伝承

中国西北部、甘粛省粛南裕固族自治県にモンゴル系のユーグ族が居住している。ユーグ族は山岳地帯で放牧生活を行う人口二万人ほどの少数民族だが、彼らのあいだには、次のような話が伝わっている。

〈例話17〉

子のない夫婦が飼っている馬が肉のかたまりを生む。これを刀で切ると、中から男の子が飛び出してきたので、夫婦は自分たちの子どもとして育てる。子どもはすぐに成長して働くようになるが、他の子どもから馬の子とからかわれる。ある日、母が本当のことを告げると、子どもはここでは暮らせないと思い、銃を持って家を出る。

子どもが歩いていると、林の中で声がする。大木めがけて銃を撃つと、中から人が出てくる。彼と似ていたので兄弟になる。二人で旅を続けると、岩の中から声がするので銃で撃つ。中から人が出てきて兄弟になる。三人は樹大、石二、馬三と名乗って、一緒に暮らすことにする。

ある日、三人が家に帰ってくるとすでに食事の用意がされている。誰が食事の用意をするのか、まず兄の樹大が見張るが居眠ってしまう。次に石二が見張るが同じように居眠る。馬三が見張っていると、天窓から入ってきた三羽の鳩が皮を脱いで娘になり、食事を作る。馬三は彼女たちの皮を燃やして捕らえ、三人のうち一番美しい娘の顔を鍋底の炭でよごす。帰ってきた兄たちは、娘たちの中から一人を選んで妻にする。馬三が炭を塗った娘は兄たちが選ばなかったので、馬三の妻になる。後に馬三の妻が一番美しいと知った兄たちは馬三を妬む。

兄弟は日中は柴刈りに行く。家にいた妻たちが痩せてくる。兄の妻たちはその理由を話さないが、馬三の妻は、犬に乗った老婆が毎日やってきて、自分たちの首に錐《きり》で穴を開けて血を吸うためだと話す。

馬三はマンガス（多頭の化け物）の仕業だとし、兄と共に化け物を待ち受ける。馬三は兄たちに、マンガスには三つの頭があり、それを同時に射れば殺すことができると伝える。やがてマンガスがやってくるが、兄たちは怖がって射ることができない。馬三はマンガスの頭の一つを射落とすが、マンガスは三人の妻を奪って逃げる。

兄弟がマンガスの後を追ってゆくと、マンガスは地面に開いた深い穴に入る。馬三が穴の中に降りようというが、兄たちは怖がって下りない。そこで馬三は自分の身体に綱を着け、兄たちに穴の底に吊り下ろしてもらう。

穴の下には牧場がある。馬三がそこにいた羊飼いに妻たちの行方を聞くと、自分たちの王が連れて来たという。馬三は羊飼いの身なりが汚いのを見て、掻《か》いてやろうという。羊飼いは喜んで、頭がかゆいので掻いてほしいが、赤い所は触らないでほしいという。馬三は頭を掻いてやって安心させ、隙をみて頭の赤い部分を押しつぶす。羊飼いは皮だけ残して何もなくなってしまう。

馬三はその皮を被ってマンガスの家に入り、捕らわれていた妻たちに会う。妻たちはマンガスを倒すにはマンガスの宝剣が必要で、それを扱うためにはマンガスの飼っているまだらの牡牛と綿羊の肉を食べなければならないという。妻たちは馬三を甕に隠すと、マンガスの子の尻に錐を刺して泣かせ、マンガスに子どもが綿羊の肉をほしがっている

ユーグ族の一家

という。マンガスが肉を食わせろというので肉を用意し、それを馬三に食べさせる。同じようにしてまだらの牡牛の肉も食べさせる。マンガスの宝剣を使えるようになった馬三は、宝剣を用いてマンガスを殺す。

馬三は兄たちに妻たちを穴から外に引き上げてもらう。兄たちは馬三が穴から出ようとすると綱を切って馬三を置き去りにする。馬三が上を飛ぶ雁の群れに助けを求めると、最後に大きな雁が降りてくる。雁は百羽の鳥を撃ち落とすようにいう。馬三が百羽の鳥を用意すると、雁は洞口まで百里ごとに一羽の鳥を自分の口に入れるようにいう。雁は馬三を乗せて飛び、百里ごとに一羽の鳥をもらうが、馬三が空腹のために鳥を一羽食べてしまい、鳥が足らなくなる。馬三は自分の腕の肉を切って雁に食わせ、穴から出ることができる。雁は馬三の腕の血を見て肉を返してくれる。洞窟から出た馬三は、二人の兄に仕返しする。[4]

「力太郎」のような単純な昔話とは比較にならないほど、起伏に富んだ面白い物語である。長い話だが、この話の前半部分、つまり冒頭から馬三がマンガスの頭を射落とすところまでに注目してほしい。「力太郎」同様、異常な誕生をした少年が家を出、旅の途中で出会った不思議な仲間たちといっしょに化け物退治をする話である。しかも不思議な仲間の出現の仕方と性質、主人公だけが化け物を撃退できるというところまで「力太郎」と一致している。ただ「力太郎」と異なっているのは、鳥になって現れた娘たちを捕まえ、兄弟の妻にするという部分があることである。これは昔話の「天人女房」だが、ここで主人公は最も美しい娘を醜く装うことによって自分の妻にしている。これが兄たちの恨みを買い、後に兄たちが馬三を裏切る伏線になっているわけである。

この話には他にもいろいろ興味深い部分があるのだが、「力太郎」との具体的な比較は次章にまわし、この地域に伝わる類話をもう少し追ってみることにしよう。

白馬チベット族の伝承

四川省と甘粛省の境界地域に住み、古代の「氐《てい》」の末裔といわれる白馬チベット族にも類話がある。

〈例話18〉

馬小屋で生まれたため、馬当古と呼ばれる少年がいる。ある日、馬当古は蛇に呑まれそうになった蛙を助ける。蛙は竜王の子で、馬当古は竜宮に招かれ、竜王から力のつく酒を飲まされ、金の人形をもらって帰る。これを知った地主が、馬当古の留守に人形を奪うが、馬当古は実力で取り返す。

馬当古は貧しい人を救うために旅に出る。途中、林の柳の瘤《こぶ》が動いている。矢で射ると瘤が割れ、そこから一人の若者が現れる。彼は射当古と名乗り、柳に食われているところを助けてもらったと礼をいう。旅のお供をしたいというので、いっしょに旅を続ける。

あるところへ来ると、大きな岩が動いている。射ると岩が割れて中から若者が現れる。若者は倒当古と名乗って礼をいい、旅のお供をしたいという。

馬当古は、射当古・倒当古を弟にして旅を続けるが、やがて家を作って一緒に暮らす。

ある日、三人が猟から帰ってくると、食事の用意がしてある。何日もそうなるので、射当古が隠れて見張るが居眠ってしまう。翌日、見張りをしていた倒当古も居眠ってしまうが、三羽の白いハイタカが飛び出すのを見る。翌日馬当古が見張ると、三羽の白いハイタカが皮を脱いで娘になり、食事を作っている。馬当古は皮を燃やし、三姉妹を捕らえる。

馬当古は二人の兄弟を呼ぶと、娘たちの中から妻を選ばせる。射当古は美しい二番目の娘、倒当古は末の妹を選ぶ。馬当古は残った姉娘を妻にする。姉娘は顔に炭がついていたので弟たちは選ばなかったが、善良で美しい娘だった。

やがて射当古の妻が痩せてくる。馬当古が理由を聞くと、毎夜、大きな黒犬が足の裏を嘗めに来るという。三人が待ち構えていると、犬の化け物が現れる。射当古と倒当古は驚いて何もできない。馬当古が射ると化け物はにげる。血の跡を追って行くと、深い穴の中へ入っている。

馬当古が一緒に穴に降りようというが、二人は頭や足が痛いと言って降りようとしない。馬当古は一人で降り、二人の弟は外で待つ。

穴の中は別世界で、青い空の下に草原がある。化け物の子どもが羊の世話をしている。聞くと化け物は朝には人の血のスープを飲み、昼には人肉を食べ、夜には歯を炒めて食べるという。馬当古は化け物の子どもを殺してその衣服を着、子どものふりをして化け物の家に行く。

九つの頭を持った化け物は真ん中の頭を怪我しており、子どもに傷をなめさせる。馬当古は化け物に歯の炒め物が欲しいといって近づき、後ろから首を全部切り落とす。化け物の宝を集め、穴の上にいる弟たちに引きあげさせる。弟たちは宝物を引きあげると、綱を切って兄を穴の中に置き去りにする。馬当古は穴の中にいた竜の助けで、穴から脱出する。馬当古が飢えて倒れていると、水汲みに行く射当古の妻が彼とは知らず邪険に扱う。倒当古の妻も同じように扱う。自分の妻だけは夫とは知らないまま、食べ物をくれる。妻に正体を伝え、家に帰り着いて弟達に復讐する。弟たち夫婦を柱の礎石と木の台にする。[5]

ほぼユーグ族の〈例話17〉と同じといっていいが、異なっているところもある。まず主人公は異常誕生児ではなく、単に馬屋で生まれただけである。ただ白馬チベット族の他の類話には馬が生んだという例もあり、[6] やはり主人公は馬の生んだ子、つまり異常誕生児であったというのが本来的な形であろう。

この話でも主人公は、樹木と岩から出現した不思議な仲間と出会い兄弟になる。次いで女を捕らえて妻にするところもユーグ族と同じである。主人公の妻はたまたま顔が汚れていたことになっているが、この部分はユーグ族の例のように、主人公が最も美しい娘の顔を汚したのであろう。全体的に見て、白馬チベット族の類話はユーグ族の話に比べ崩れているようである。

さらに続きをみてゆくと、化け物の出現と不思議な仲間の無力、化け物の追跡と主人公の異界訪問に至る展開も、ユーグ族の話と同様である。ただここには、化け物にさらわれていた兄弟の妻たちが主人公を援助するというくだりはない。最後の、仲間の裏切りと穴から脱出する段もユーグ族の例と同じだが、この話では最後に、裏切った兄弟たちを柱の礎石と木の台にするという注目すべきくだりがある。

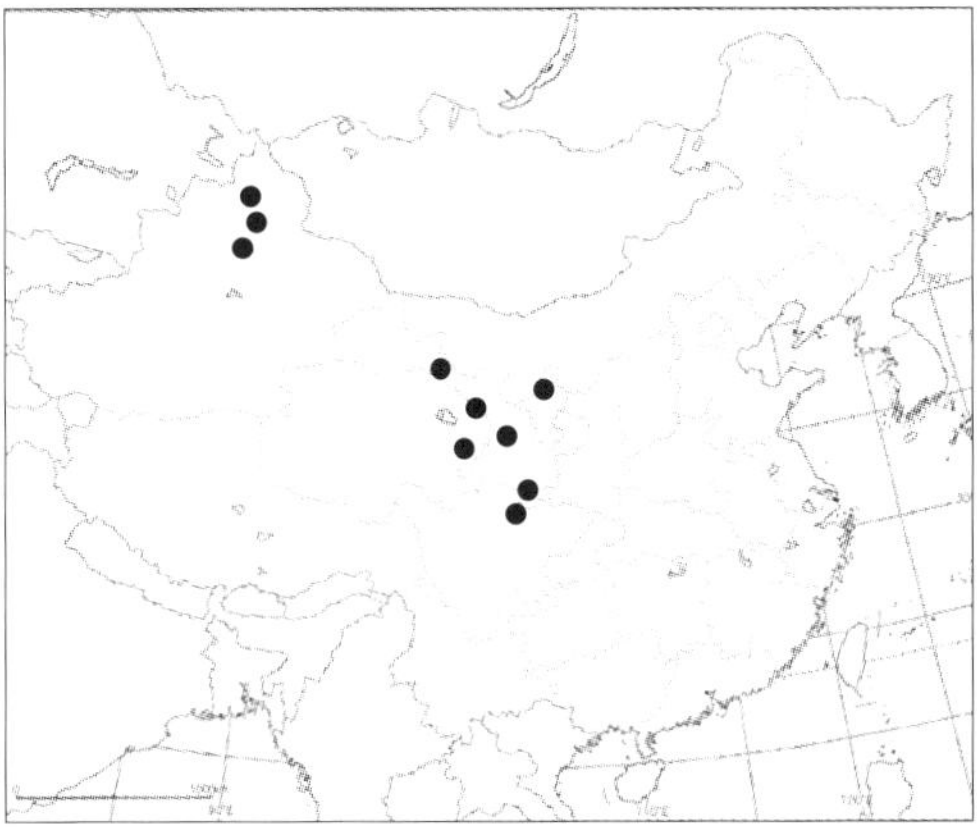

地図５　中国西北少数民族の類話

　同様の物語は、部分的に変化しながら、西北地方の他の少数民族のあいだに伝えられている。青海省互助、甘粛省天祝に住むモンゴル系のトゥー（土）族の類話では、馬から生まれた子どもは、育ての親である婆の夫やその子どもを殺した化け物に報復するため、旅立つことになっている。主人公は旅の途中、やはり岩と大木から出てきた男たちを仲間にし、鳩になって現れた仙女たちを捕らえて兄弟の妻にする。やがて九つの頭をもった化け物がやってくるが、主人公だけがこれを撃退し、逃げた化け物を追ってその住処に行く。ここまでは先の例とほとんど同じだが、このトゥー族の話では兄弟が主人公を裏切らず、三人が力を合わせて化け物を退治することになっている。[7]

同じような筋立てをもった昔話は、さらに青海省に住むサラール族、[8]甘粛省の漢族[9]やチベット族[10]にも伝わっており、この地方ではかなり有力な昔話である。

新疆ウイグル自治区の類話

河西回廊を西に抜けると、新疆ウイグル自治区である。世界の屋根といわれるパミール高原の東側に広がる広大な砂漠の周辺のオアシス地帯に、テュルク系のウイグル（維吾爾）族が暮らしている。

ウイグル族の有名な民話に「アイリ・クルバン」がある。この話は早くから日本にも紹介されており、日本語訳本で五〇ページに及ぶ長大な物語である。ウイグル族の民間文学に詳しい西脇隆夫によると、この話には資料的にいろいろと問題があるというが、[11]中国西北少数民族に「力太郎」の類話を追いかける以上、この有名な物語にふれないわけにはいかない。この波瀾万丈の物語の骨子だけを紹介してみよう。

〈例話19〉

薪を採りに行った娘が熊にさらわれ、熊の子を産む。子をアイリ・クルバンと名付ける。クルバンは七歳の時、熊を殺して母とともに祖母の家へ帰る。

クルバンは、怪力の子どもに育つ。十四歳になった時、クルバンは都に出て牛をたたき殺す。それが王の耳に入る。王はクルバンを殺すために、東の山の竜を退治させる。クルバンは祖父の剣をもって山に行き、竜を殺してその首を持って帰る。

王は今度は、クルバンに魔王を退治させようとする。クルバンは剣と祖父の魔法の帯をもって、魔王の国へ向かう。途中で大地バートル、荒地バートル、川バートル、谷バートルという力持ちと次々に出会い、彼らをすべて打ち負かす。

ある村に着くと、ひやしそばバートルという大食いで怪力の男がいる。クルバンは力比べをして勝ち、ひやしそばをお供にして連れて行く。やがてどんな厚い氷でも一蹴りでこなごなにする氷バートルと出会う。これも打ち負かしてお供にする。次いで大きな石臼を放り投げて受け止める、ひきうすバートルを打ち負かし、お供にする。次に全身が鋼《はがね》のようなはがねバートルも打ち負かし、お供にする。

　こうして五人で魔王の国に向かう。山の上の大きな屋敷に着くが誰もいない。鍋に肉が煮えているのでみなでそれを食べる。ひやしそばが留守番をして、他の者は狩りに行く。そこに魔王が現れ、ひやしそばを縛り上げて吊るすと、足の裏に管を刺して血を吸う。

　ひやしそばから話を聞いたクルバンは、翌日、一人で魔王を待ち受ける。クルバンはやってきた魔王を打ち負かし、逃げた魔王の血の跡を追う。魔王は枯井戸に逃げ込んだので、クルバンは魔法の帯を垂らし、井戸の底へ降りてゆく。

　井戸の底の魔王の宮殿へ入ると、魔王の二人の娘が縛られている。二人は魔王を諫《いさ》めたために縛られているという。娘たちは人間界に行きたいという。娘たちはクルバンに魔王の魂の在りかを教え、クルバンは魚の卵の中にある箱に入った魔王の魂を焼いて、魔王を殺す。

　一方、地上では、四人の仲間がクルバンを追って井戸の上まで来ていた。クルバンは魔王の宝と二人の娘、さらに魔王にさらわれていた四人の人間の娘を三つの箱に入れ、仲間に次々と箱を引き上げさせる。しかし三つ目の箱を引き上げると、ひやしそばはクルバンの帯に切れ目を入れ、最後にクルバンを井戸の底に落とす。ひやしそばは、ほかのバートルが止めるのもきかず、宝と娘たちを連れて逃げる。

井戸の底に落ちたクルバンは、蛇に呑まれそうになっていた子タカを助ける。親タカはクルバンを地上に送るために、十九日分の水と肉を用意し、クルバンを背に乗せて地上に向かう。ところが十八日目に水と肉が無くなってしまう。クルバンは自分の太ももを刀で切って肉をタカに食わせる。

地上に戻ったクルバンは、ひやしそばの軍勢を打ち負かし、ひやしそばは忠実な家来になることを誓う。他の仲間もやってくる。クルバンは魔王の二人の娘を妻にして幸せに暮らす。[12]

人間と熊との間に生まれた異常誕生児が、多くの勇士を打ち負かし、このうち四人の勇士をお供にして魔王を打ち破るという話である。逃げた魔王を追って地中の宮殿に行き、魔王を殺して魔王の娘と宝を持ち帰ろうとするが、仲間に裏切られ、地下に取り残され……という展開は、先に見たユーグ族などに伝わる物語と同じである。

このウイグル族の物語は、この地域に流布している様々な物語――熊にさらわれた娘の話や竜退治、悪魔の体外にある魂を殺す話など――を組み込み、長大な物語に仕立てている。

このような物語がそのまま口承で伝わっていたかどうか、確かめてみなければならないが、先に見た河西回廊周辺の諸民族に伝わる物語が、遠くウイグル族のあいだにも根付いていたことは確かであろう。

そのことは、やはり新疆ウイグル自治区（新源県）に住む、同じテュルク系のカザフ族の類話を見れば明らかである。

〈例話20〉

子のない夫婦がいる。妻は小麦粉（ナンの生地）をこねて人形を作る。ある日、鳥が子どもが泣いているというので家に帰ると、人形は赤ん坊になっている。赤ん坊は成長し、立派な若者になる。彼はテミルバトゥルとスーバトゥルという英雄に会いにでかけ、二人を仲間にする。二人は彼をナンバトゥルと呼ぶ。三人は小屋を建て、一緒に狩りをして暮らす。

ある日、スーバトゥルが一人で留守番をしていると、小さな老人が現れてスーバトゥルを押さえつけ、食糧の肉を食べて帰る。翌日、テミルバトゥルが留守番をしている時にも老人が現れて肉を食って帰る。その翌日、ナンバトゥルが老人を待ち受ける。ナンバトゥルは老人を捕まえ、そのヒゲで木に縛り付ける。老人は木を引き抜いて逃げ出したので、三人は老人を追いかける。老人は深い井戸の中に逃げ込む。

テミルバトゥルとスーバトゥルは怖がって井戸に入ろうとしないので、ナンバトゥルが腰に綱をつけて井戸に降りる。井戸の底は明るく、そこに塔がある。塔の鉄門を開けると、骨と皮だけになった人々が何百人も縛られている。化け物にさらわれてきた人々だという。ナンバトゥルは彼らを逃がす。塔の上の部屋には美しい娘がおり、娘といっしょにいた老人をナンバトゥルは斬り殺す。ナンバトゥルは娘を井戸の底まで連れてきて綱をつけて仲間に引き上げさせる。

テミルバトゥルとスーバトゥルは娘を見て欲心を起こし、綱を切ってナンバトゥルを井戸の底に落とす。ナンバトゥルは穴を二日二晩よじ登って外に出、裏切り者の家に行って二人の首を切る。二人にさらわれていた娘をつれて家に帰る。[13]

これとほぼ同じ話は同地方のモンゴル族にも伝わっており、[14]同じような話が民族を超えて語り広められていたようである。ここでは仲間との出会いや、穴の底から英雄が脱出するところが簡略になっているが、興味深いのは英雄の生い立ちである。

中国西北少数民族の類話では、主人公の生い立ちを馬の子とするものが多い。先に見たウイグル族の「アイリ・クルバン」でも、熊の子になっているが、異類婚によって生まれた子であることに変わりはない。ところがカザフ族の「ナンバトゥル」では、小麦粉（ナンの生地）

をこねて作った人形が命をもち、怪力の少年になったという。これは垢で作った人形が命をもつという、日本の「こんび太郎」と同じ発想である。

さらに同自治区昌吉に住む、イスラーム教徒のホイ族にも類話がある。ここでは主人公は馬が背に乗せて来た少年で、異常誕生児ではない。旅の目的は良い土地を探すためである。やはり岩と楡《にれ》の木の中から出てきた男たちを弟分にして旅を続け、三羽の白鳩が化した娘たちを捕らえて妻にする。そこに九つの頭をもった化け物がやってくる。主人公だけが化け物を射てその跡を追い、羊飼いに化けて化け物を殺す。[15]

ただこの話では、兄弟が主人公を裏切って穴に落とすのは、それからのことになっている。最後は同じで、主人公は白鳥の援助によって脱出する。正体を隠して自分の家に帰った主人公が岩と樹を射ると、弟たちはそれぞれ岩と樹に吸い込まれてしまう。新疆ウイグル自治区の伝承というが、当地のウイグル族やカザフ族の類話よりも、東方の白馬チベット族やユーグ族の類話に近いものである。

いずれにしても中国西北部の少数民族のあいだには、「力太郎」と似たモチーフをもった物語がまとまった広がりをもって語り広められていたのである。

3．中国西南少数民族の類話

プミ族の伝承

中国大陸西北部から西南部に目を移し、雲南省を中心とする少数民族の類話を見てみよう。この地方に伝わる話は、西北少数民族の類話とくらべ変化が大きい。不思議な仲間の部分こそ発達していないが、「力太郎」と比較すべき重要な趣向を備えている。

まず、チベット・ビルマ語群に属すプミ（普米）族の伝承を見てみよう。プミ族は雲南省西北部の山間部に住む、人口三万人余りの民族である。

〈例話21〉

子のない老夫婦がいる。夫婦喧嘩をして爺が婆の頭を打つ。婆の頭にできた瘤《こぶ》から子どもが生まれ、すぐに五、六歳ほどになる。ラマ僧はその子を殺すようにいうが、子どもが孝養を尽くすといったので爺婆は育てる。

子どもは成長し大飯食らいになる。爺婆は子どもを殺そうと相談する。爺は子どもを連れて山に薪採りに行き、子どもにむけて大木を落とす。子どもは死んだと思った爺が家に帰ると、子どもは大木を担いで帰ってくる。爺が三回まわってから屋根の上に置けというので、子どもはそうする。

爺は石臼を持って山へ行き、山の上から石臼を落として子どもを殺そうとする。子どもは石臼を持って帰ってくる。今度は婆が川で麻糸を洗い、わざと激流に糸を流して子どもに拾わせる。子どもは流されるが麻糸を持って帰ってくる。

爺婆が自分を殺そうとしていることを知った子ども、つまり主人公は、弓矢を持ち二匹の犬を連れて家を出る。森で豚飼いに出会って仲間にする。さらに山で羊飼いに会って仲間にし、三人一緒に暮らす。家に羊飼いを残して二人が猟に出る。帰ってみると家に残した獲物が無くなっている。羊飼いに尋ねると、化け物がやって来て、人を食おうか肉を食おうかというので肉をやったという。

主人公が一人で家に残る。化け物がやって来たので、ふるいを与えて水を汲みに行かせ、その隙に化け物の鉄鎚、鉄のやっとこ、鉄のロープを灰で作った物とすり替える。化け物と鎚、やっとこ、ロープの「試し合い」をして勝つ。化け物を縛り上げるが、化け物は逃げ出す。

主人公は化け物を追いかけ、化け物が逃げ込んだ岩穴へ入る。化け物は小妖怪と話している。これを聞いて化け物の弱点を知った主人公は、化け物の「命の指標」である金箸を鉄鎚で砕く。化け物は消えるが、主人公はイラクサに囲まれる。イラクサは刀でも切れないが、二匹の犬が根を掘り返すことを教えてくれ脱出する。主人公は仲間と再会し、英雄となる。[16]

まず主人公が婆の頭の瘤から生まれているのが面白い。このような異常誕生のモチーフは、プミ族だけでなく周辺の諸民族にも広く見られるものである。

このプミ族の話で注目すべき部分は、爺婆の計略である。西北少数民族の話では、主人公は簡単に家を出るのだが、西南少数民族の類話では、異常誕生児を殺すために爺が計略をめぐらし、このために主人公は家を出るのである。

このような展開もプミ族に限ったものではなく、西南少数民族の類話には広く見出すことができる。例えば、プミ族と同じ地域に住むリス（傈僳）族（チベット・ビルマ語群）にも同様の話があって、爺は山から大木、次いで尖らせた竹、さらに大岩を落として、子どもを殺そうとする。[17]同省大理に住むペー（白）族の話のように、この部分だけが独立し、子どもがそのまま山に留まって山神になるという話もある。[18]

一方、西北少数民族の類話で特徴的であった「不思議な仲間」は、西南少数民族では概して精彩に欠けている。プミ族の話では主人公の仲間として「豚飼い」と「羊飼い」が現れるが、彼らには特に不思議な性質もなく、主人公を裏切ることもない。

チベット族の伝承

雲南省西北部徳欽県のチベット族の類話を見よう。

〈例話22〉

老夫婦がいる。婆の膝の瘤から子どもが生まれる。子どもの頭から角が生えてきたのでこれを化け物と思い、川に捨てることにする。爺は石で作った箱の中に子どもを入れて釣りをする。魚が釣れないでいると、箱の中から子どもが波の静かなところで釣るようにいう。そうすると沢山釣れたので、爺は子どもを連れ帰る。婆が捨てて来るように言うので、爺はまた子どもを捨てに行く。子どもを箱に入れて狩りをするが獲物がない。子どもが夜に水辺で待ち伏せするように言うのでそうすると、沢山獲物が捕れたのでまた子どもを連れ帰る。今度は夫婦で子どもを川に捨てに行く。子どもは、自分が要らないなら出て行くと言って旅立つ。

家を出た主人公（子ども）が石の林のところへ来ると、男が現れたので仲間にする。

森の中から男が出てきたので彼も仲間にする。草原から男が出てきたので、これも仲間にする。

四人でいっしょに洞窟に住んで狩りをする。ある日、石の林から出た男が一人で食事を作っていると、化け物がやってきて肉を奪う。帰ってきた仲間には猪に肉を盗まれたと嘘をつく。次の日、森の中と草原から出てきた男が二人で食事を作る。化け物が出てきて肉を奪う。二人は野獣に食べられたと嘘をつく。

主人公が事情を見抜き、一人で化け物を待つ。化け物が現れるが、肉が欲しければ水を汲んでこいといって穴の開いた膀胱《ぼうこう》を与える。化け物は水汲みに行くが、水は穴からこぼれて時間がかかる。その隙に主人公は化け物の武器を偽物とすり替える。帰ってきた化け物は偽の武器で主人公を襲うが、逆に本物の武器で殺される。やがて帰ってきた仲間と一緒に化け物の住処へ宝を取りに行く。

深い穴がある。仲間の三人が恐れて入ろうとしないので、主人公が一人で入る。宝を見つけて仲間に穴から引き上げさせ、自分も梯子を登ろうとすると、仲間が宝を奪うために梯子を外す。

穴の中に残された主人公は桃の種を拾い、天命があれば発芽するように祈って種に小便をする。翌朝、木は大きく育ち、それを登って主人公は穴から出ることができる。

ロバの頭を拾い、木に登って寝る。下では獣たちが宝を出して宴会をしているが、ロバの頭が落ちたために獣は逃げ、主人公は宝を得る。彼が金持ちになったのを知った三人の仲間は、事情を聞きに来る。仲間たちがロバの頭を持って例の木に登っていると、獣たちがやってきて樹上を調べ、三人を発見して食ってしまう。[19]

雲南省迪慶蔵族自治州の景観

主人公は婆の膝の瘤から生まれることになっている。老夫婦が子どもを捨てようとするのは角が生えてきたからだという。ただこの話では、爺は子を殺そうとせず、捨てにいったものの役に立つので連れ帰る。「不思議な仲間」は石の林、森、草原から出てきた男たちで、これはプミ族よりも西北少数民族の類話に近い。ただ西北地方の類話のような、鳥になってやってきた三人の娘を捕らえる挿話はなく、プミ族の話〈例話21〉同様、食事の準備をしている仲間のところへ化け物がやってくることになっている。ここで仲間が嘘をつくところに、彼らの不誠実な性質が現れている。

この話では化け物を追跡するくだりはないが、化け物の穴に入ってからの展開は西北地方の類話に近い。裏切った仲間への報復はなく、主人公を羨んだ仲間が真似をして失敗することになっている。ちなみに動物の頭を持って木の上に上り、獣たちを驚かせるという挿話は、独立した話として有名なもので[20]、それが結末に結びついたものであろう。

イ族の伝承

同じく中国西南部の四川省大涼山に住むイ（彝）族（チベット・ビルマ語群）にも類話がある。八百万近い人口をもつイ族は、かつて奴隷制をもっていたことでも知られている。

〈例話23〉

大涼山に大きな少年がいた。彼は生まれた日に話し、二日目に歩き、三日目に飯を食べ、怪力無双。両親は化け物だと思い殺そうとする。

父は息子を木を切りに山に連れて行き、大木を落として圧死させようとする。父が家に帰って妻と鶏を食べて祝おうとすると息子が木を担いで帰ってくる。夫婦は息子に家を三周回らせ、その間に鶏を食べる。次に大きな石を落として圧死させようとする。父が家に帰って豚肉を食べようとすると、息子は石を担いで帰って来る。肉を見て息子が怒ったので両親は謝る。両親は息子に酒を飲ませて酔わせ、手足を縛る。

これを知った姉が少年を逃がす。少年は逃げる途中で「怖がり」、「山揺らし」、「山抜き」という三人と知り合い、仲間にする。

ある日、怖がりが一人で食事の用意をしていると、妖婆が現れ肉を食べて去る。怖がりは倒れ伏す。次に山揺らしが、その次には山抜きが食事の用意をするが同じ状況になる。

少年が食事を作る番になる。妖婆が現れるが、今度は形勢が不利と見て逃げ出す。四人で妖婆を追いかける。少年はようやく山の麓で妖婆を見つけて斬り殺す。妖婆の血が洪水になり、身体は山になって押しつぶそうとする。怖がりは泣き出すが、少年は山抜きに命じて、山を押し広げさせ、洪水を流す。山揺らしに命じて山を踏みならさせる。(後略)[21]。

この話はこれだけでは終わらず、さらに姉が弟の家を訪問するという別の話に続く。ここには婆の瘤《こぶ》から生まれるというモチーフはないが、異常成長と怪力、大食を語る。三人の仲間との出会いから化け物の追跡まではプミ族の話とだいたい同じである。

この地域では前半がだいたいこのような話で、後半に異なった話が結びつく話が少なくない。昭通市に住むイ族[22]、徳欽県のチベット族[23]、貢山県のトーロン（独竜）族[24]などの話がそうである。いずれにしても雲南諸族の類話では、異常誕生児は大食いで、そのため父親が子どもを山に誘って殺そうとあれこれと試みるが、子どもは怪力によって仕事を果たす、というのが一つの定型になっている。

ミャオ族の伝承

ややや異なった展開を示す話を紹介しよう。雲南省東部から貴州省西部にかけて住むミャオ（苗）族の話である。ミャオ族は華南からインドシナ半島にかけて住む大きな集団で、九百万にのぼる人口をもっている。

〈例話24〉

生まれてひと月で一椀の米を食べ、一年たつと一升の米を食べる子がいる。ランルオ（大飯食い）と名づけられる。成長すると日に一斗、月に三石《ごく》の飯を食べるため、両親は困る。ランルオは両親の苦労を思い、鉄で三千斤の大きな弩《いしゆみ》を作ってもらって家を出る。

不思議な鎌をもった草刈り、不思議な箕《み》を持った魚取りと順に出会い、二人を弟分にする。

弟分の村では化け物に苦しめられている。三人が小屋を建てて、弟分が一人で食事の用意をしていると火の玉が転がってきて食べ物を盗まれる。翌日、ランルオが一人で食事の用意をしていると、火の玉が転がってくる。戸を閉めて火の玉を挟むと鶏になったので足を縛る。鶏は美しい娘たちを差し出すので許してくれという。鶏をつれて住処に案内させる。縛りを解くと、鶏は火の玉になって川向こうの岩穴に入る。

弟分の草刈りが魔法の鎌で草を刈って積み上げ、岩穴に入ろうとするが、上から岩が落ちてきたのであきらめる。煙で燻《いぶ》そうとするが失敗する。魚取りが魔法の箕で川の水を逆流させて岩穴に入れようとすると、困った鶏は彼らを迎える。しかし三人は、鶏の扇によって暗黒の穴の底へ吹き飛ばされる。ランルオは骨笛を作って鳥を呼び寄せ、鳥たちから羽毛を集めて袖に付け、空《くう》を飛んで洞窟を脱出する。

鶏にさらわれてきた三人の娘が泣いている。娘たちは鶏の扇のほかに鶏を倒すものはないという。ランルオは偽《にせ》の扇を作って本物とすり替える。鶏はランルオたちを見て扇で扇ぐが効き目がない。鶏があわてて逃げようとしたところ、ランルオが本物の扇で暗黒の穴の底へ吹き飛ばす。[25]

これはかなり大きく変化した話である。主人公の異常誕生を述べず、爺が子どもを殺そうと企むくだりもない。ただ主人公が桁外れの大食いであること、そして旅立ちに際して「三千斤の大きな弩」を作ってもらうところは、「こんび太郎」とそっくりである。

　この物語の特異なところは、化け物を追跡した主人公が一人で穴に入るのではなく、化け物の呪物によって三人兄弟がみな洞窟に飛ばされてしまうところである。洞窟から脱出したあと、主人公は化け物の呪物を偽物とすり替えるが、これはプミ族やチベット族の類話にいう、食事を盗みにきた化け物を撃退する趣向が最後に回っているわけである。ここでもまた、不思議な仲間が主人公を裏切ることはない。

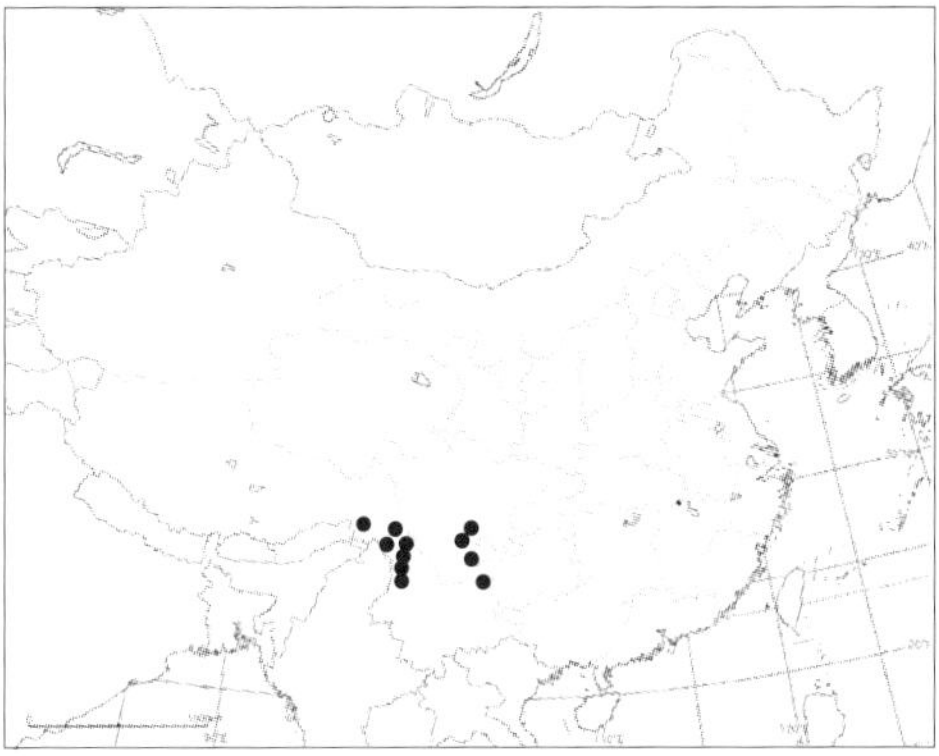

地図6　中国西南少数民族の類話

　こうしてみると、西南少数民族の類話は西北地域のそれとくらべて変化が大きいことが分かる。しかし個々の類話には西北地域にはないモチーフや挿話があり、そのなかには婆の体の一部からの出生や、爺の難題など、「力太郎」との比較において重要なものを見出すことができるのである。

中国少数民族の「力太郎」

中国大陸西北部から西南部に住む少数民族の間には、「力太郎」と同じようなモチーフを持った類話群があった。

いま、その基本形式をまとめてみると以下のようになる。

（ア）異常な誕生（馬から生まれる・婆の瘤から生まれる）をした主人公がいる。
主人公は家を出る。（爺は主人公を殺そうと企む）

（イ）主人公は旅の途中、不思議な（石や木の中から現れた）男たちと出会い仲間になる。

（ウ）主人公たちは一緒に住む。
a．留守の間に三人の娘が鳥になってやって来、食事を作る。主人公が娘たちを捕らえ、それぞれの妻にする。

b．一人が食事の準備（留守番）をする。

（エ）a．化け物がやってきて妻たちの血を吸う
b．化け物がやってきて食事を盗む。

仲間が順に待ち伏せるが敵わない。主人公が化け物を撃退し、仲間と一緒に逃げた化け物の血の跡をたどる。

（オ）化け物は深い穴の中に逃げ込む。主人公が一人で穴の中に入る。主人公は穴の中で化け物を殺す。主人公が宝物を外で待っていた仲間に渡すと、仲間は綱を切って主人公を穴の中に置き去りにする。

（カ）主人公は鳥などの援助（魔法の種の成長）によって穴から脱出し、仲間に報復する。

4．チベットの『屍鬼物語』

チベットの『屍鬼物語』

右のような物語を考える上で忘れてはならないのは、チベットで『屍鬼物語』（十一世紀頃に成立か）とよばれる説話集の中にもこれと同型の話が見えるということである。したがって右の物語の展開を追うためには、『屍鬼物語』について見ておかなければならない。

チベットにはインドの『屍鬼（ヴェタ－ラ）の物語』（『屍鬼二十五話』）の系統を引く『屍鬼物語』（ロォトゥン）という説話集がある。[26] この説話集はちょうど『千夜一夜物語』のように、一つの物語の中に多数の物語が入れ子状に入った、いわゆる「枠物語」という形になっている。その外枠となる物語は以下のようである。

ある国の王子が龍樹（ナーガールジュナ　インドの仏僧）に、ある墓地のマンゴーの木の上にいる、上半身はトルコ石、腰から下は黄金でできたシィディヴァトという屍鬼を持ち帰るよう命じられる。屍鬼を運ぶあいだ、王子は決して口をきいてはならないと言われる。王子は墓地に行って屍鬼を袋に入れ、龍樹のもとへ向かう。その途中、屍鬼は物語を語り始める。一つの物語が終わったとき、王子が思わず口をきいてしまったため、屍鬼は空を飛んで元の木の上に戻ってしまう。そこで王子は再び元のマンゴーの木に戻って屍鬼を担いで帰るが、屍鬼は再び面白い物語を語り始める。物語が終わったとき王子はまた口をきいてしまい……というように、屍鬼は何度も面白い物語を語るのである。

したがって、屍鬼が語った話としていくらでも異なった物語を入れることができるわけで、『屍鬼物語』には十三の物語が入った十三章本ほか、二十六の物語を語る二十六章本など数多くの版本があることが知られている。[27] しかしその中に含まれる物語は必ずしも同じではない。

以下に紹介するのは、『屍鬼物語』のひとつ『素晴らしい屍鬼のシィディヴァトの物語』（略称）の第三話、「人間と牛の雑種の雄牛のマサンヤルカタ」という話である。

〈例話25〉

ある男が唯一の財産である牝牛に子供を産ませる。牛頭人身の子が生まれたので、マサンヤルカタと名付ける。

父に殺されそうになったマサンヤルカタは家を出る。森に入ると樹の下で黒い男に出会い仲間にする。次に牧草地で緑の男、ガラスの高い山の頂上で白い男に出会って仲間にする。

四人は同じ家にいっしょに住むが、ある日黒い男が留守番をしている時に小さな妖女がやって来て食べ物を奪う。緑の男や白い男が留守番をしていても同じようになるので、マサンヤルカタが留守番をする。マサンヤルカタはやって来た妖女を騙して武器をすり替え、妖女の持っていた槌で妖女を打つと、血を流して逃げる。

『チベットの屍鬼四十七話』（梶濱亮俊（訳）テクネ刊）

やがて帰ってきた仲間と後を追うと、妖女は大地の裂け目の下に入って死んでいたので、マサンヤルカタだけが綱をつけて下に降り、宝物を上にあげる。ところが仲間たちはマサンヤルカタを裏切って綱を切る。マサンヤルカタは三粒の杏の種をみつけ、それを蒔いて眠る。目が覚めると杏は巨木に成長していたのでそれを登って外に出る。マサンヤルカタは三人の男の家に行き、弓に鉄の矢をつけて待っていると、男達は命乞いをしたので許してやる。

やがてマサンヤルカタは水汲みの娘と出会い、彼女のあとを付いていって天国に行く。インドラ神はマサンヤルカタに、自分たちはヤクに姿を変えたナグポタクメ（悪魔）たちと戦っているので助けてほしいと言う。マサンヤルカタは黒いヤク（王）を矢で射る。さらに深く刺し込んで殺し、七粒の大麦を空に撒く。天から鎖が下りてきたので、ナグポタクメたちはマサンヤルカタの家へ行って医者だと名のり、王の額に刺さった矢をマサンヤルカタをその鎖で縛って家の外へ出す。女のナグポタクメが燃えている鉄球をマサンヤルカタに投げる。鉄球は背中に当たってマサンヤルカタは死ぬ。七つの大麦はオリオン星座になる。[28]

これとほとんど同じ話は、雲南省のチベット族に伝わる十三章本『屍鬼物語』の抄本にも見えるほか、[29]『屍鬼物語』のさまざまな版にも収められ、チベット族のあいだに広く伝わっていた。

牛から生まれた主人公、旅の途中で出会う「不思議な仲間」、留守番のときに現れる化け物、主人公一人の追跡、仲間の裏切りなど、先に見た中国少数民族に伝わる話と同じタイプの話であることは間違いない。特に調理当番の時に化け物が現れ、主人公が呪物をすり替えて勝つという趣向は、西南少数民族の類話にも広く見えるものである。

モンゴルの『シッディ・クール』

モンゴル人はチベット仏教を受容したため、モンゴルには数多くのチベットの文物がもたらされた。チベットの『屍鬼物語』もまた、モンゴル語に翻訳されている。『シッディ・クール』（魔法の屍体）がそれで、日本ではすでに戦前に吉原公平によって紹介され[30]、近年、モンゴル語版から直接『モンゴル説話集　シッディ・クール』として訳された。そこにもチベットのマサンヤルカタの物語〈例話25〉と同じ話がある[31]。

『モンゴル説話集　シッディ・クール』（西脇隆夫編、渓水社刊）

『シッディ・クール』では、主人公の名は「マッサン」や「ヤローバ」になり、最後に主人公に化け物退治を命じる神は「ホルムスタ」、化け物は「シムヌ」というようにモンゴル語名が与えられているが、筋立てはチベットのマサンヤルカタの話とまったく同じである。先に紹介したチベットの物語と同一系統の版を忠実に翻訳したものであろう。また『シッディ・クール』は、満洲語にも訳されており、満洲語版にもこれと同じ話がある。[32]

このようにしてみると、チベット語で著され、モンゴル語・満洲語に訳された『屍鬼物語』には、いずれも牛頭人身の主人公マサンヤルカタによる冒険の物語が収められており、このような物語がチベット語、モンゴル語、満洲語を通して、それぞれの民族のあいだに語り広められていたのである。

ところで先に、「力太郎」と同じようなモチーフをもった中国少数民族のあいだに伝わる昔話の基本形式を整理した。いま、類話を比較するにあたり、この物語をまとめて指す言葉がないのは何としても不便である。『屍鬼物語』に見える物語の主人公の名をとって「マサンヤルカタ」でもよいのだが、『屍鬼物語』中の物語と混同されるおそれがある。このため本書では、モンゴルの『シッディ・クール』に見える類話の主人公の名をとり、この話を「マッサン」とよんでおきたい。「マッサン」は、日本の「力太郎」を解明するうえで、最も重要な昔話である。

『屍鬼物語』と「マッサン」

『屍鬼物語』は僧侶の説教の台本として用いられたため、個々の話はこれを聴いた民間の人々のあいだで語り伝えられることになった。実際、チベット自治区の那曲県には、『屍鬼物語』のマサンヤルカタの物語〈例話25〉とほとんど同じ筋立ての話が昔話として採集されており、そのまま昔話として伝わっていたこともあったようである[33]。

われわれは日本の昔話「力太郎」の類話を追い求めて、中国西北部から西南部の少数民族に伝わる「マッサン」について検討してきた。チベットの説話集に「マッサン」と同一類型の物語が収められていたとすると、これを無視するわけにはいかない。しかもそれはモンゴル語や満洲語にも翻訳されており、広く民間にも語り広められていたのである。

もし『屍鬼物語』に漢訳版があり、それが日本にもたらされていたとすると、『屍鬼物語』を媒介として日本の昔話とチベットやモンゴル、そして多くの少数民族の昔話が結びつく可能性も出てくるわけである。

ただここで注意しておかなければならないのは、現在の少数民族の伝える昔話の中には、『屍鬼物語』に由来する物語だけでなく、『屍鬼物語』の素材となった物語もあって、それらが混在している可能性があるということである。それはちょうど日本の民間に伝わる「桃太郎」が、江戸時代の赤本に由来する昔話と、赤本以前の伝承の系譜を引く昔話が混在しているのと似た状況である。

現在、少数民族のあいだに広がる「マッサン」のなかに、『屍鬼物語』の「マサンヤルカタの物語」に由来する物語があることは否定できない。しかし『屍鬼物語』が歴史的に古いからといって、「マッサン」がすべてそこから生まれたとみるわけにはいかないのである。「マサンヤルカタの物語」は「マッサン」と比べると省略や変化が大きく、後に検討するように「マッサン」の方が世界的な昔話と共通する部分が多い。『屍鬼物語』の「マサンヤルカタの物語」は、大きく手を加えられたと見た方がよさそうである。「マサンヤルカタの物語」は、『屍鬼物語』が編集された際、チベットに流布していた「マッサン」の物語を素材として作られたものであろう。

『屍鬼物語』の成立が十一世紀頃だとすると、「マッサン」の成立はそれ以前に遡るということになる。したがって日本の「力太郎」を考えるにあたって、「マッサン」との比較が重要になってくるのである。

では、いよいよ次章で「力太郎」と「マッサン」を比較してみることにしよう。

注

［1］斧原孝守『猿蟹合戦の源流、桃太郎の真実』三弥井書店　二〇二二年　六三〜八三頁

［2］崔仁鶴・厳鎔姫［編］李権熙・鄭裕江［訳］『韓国昔話集成8』悠書館　二〇二〇年　i〜viii「昔

話話型比較対照表」
〔3〕斧原、前掲書　四～五頁
〔4〕『民間文学』一九八八年第二期、二六～二八頁。鐘進文〔主編〕『中国裕固族民間文学資料汇编』民族出版社　二〇一八年　七九～八三頁
〔5〕中国民間文学研究会四川分会〔編〕『新娘鳥』重慶出版社　一九八四年　一一一～一二三頁
〔6〕『四川白馬蔵族　民間文学資料集』中国民間文芸研究会四川分会・四川大学中文系・平武県文化館　一九八二年　一六三～一六九頁
〔7〕朱剛・席元麟・星全成・馬学義・馬路・循集弁〔編〕『土族撒拉族民間故事選』上海文芸出版社　一九九二年　八七～九二頁
〔8〕同書、三四六～三六一頁
〔9〕孫彦林・邵継紅〔主編〕『安定民間故事』甘粛人民出版社　二〇一四年　三〇五～三〇九頁
〔10〕テンジン・タシ〔編〕梶濱亮俊〔訳〕『東チベットの民話』ＳＫＫ　二〇〇一年　二〇三～二一四頁
〔11〕西脇隆夫『中国の少数民族文学』サンレム出版　二〇〇一年　一九六頁
〔12〕中国社会科学院文学研究所　中国民間文芸研究会〔主編〕『中国民間故事選　第一集』人民文学出版社　一九八〇年〔一九五八年〕二八一～三〇六頁。村松一弥〔編〕『中国の民話（下）』毎日新聞社　一九七二年　二三二～二八一頁
〔13〕中国民間故事集成・新疆巻編輯委員会〔編〕『中国民間故事集成・新疆巻（上）』中国ＩＳＢＮ中心出版　二〇〇八年　八五七～八六一頁

〔14〕 同書、八五二〜八五五頁
〔15〕 李樹江・王正偉〔編〕『回族民間故事選』上海文芸出版社 一九八五年 一二七〜一三五頁
〔16〕 王震亜〔編〕『普米族民間故事選』上海文芸出版社 一九九四年 九四〜一〇一頁
〔17〕 怒江傈僳族自治州《傈僳族民間故事》編輯組〔編〕『傈僳族民間故事』雲南人民出版社 一九八四年 二〇九〜二二〇頁
〔18〕 普学旺〔主編〕『雲南民族口伝非物質文化遺産総目提要 神話伝説巻（上）』雲南教育出版社 二〇〇八年 二五四頁
〔19〕 徳欽県文化館民間文学集成辦公室〔編〕『徳欽蔵族故事集成（一）』徳欽県文化館民間文学集成辦公室 一九八八年 三八〜四二頁
〔20〕 金栄華『民間故事類型索引（三）』中国口伝文学学会 二〇一四年 一〇二二〜一〇二三頁
〔21〕 楊寿康〔捜集整理〕「少年巨人」、山茶編輯部〔編〕『山茶』一九八九年第三期 山茶雑誌社 三三〜三八頁
〔22〕 昭通市文化局・民族事務委員会〔編〕『昭通市彝族巻』昭通市文化局・民族事務委員会 一九九六年 一一八〜一二〇頁
〔23〕 中国民間故事集成・雲南巻編輯委員会〔編〕『中国民間故事集成・雲南巻（下）』中国ISBN中心出版 二〇〇三年 一四二二〜一四二四頁
〔24〕 中国民間故事集成・雲南巻編輯委員会〔編〕『中国民間故事集成・雲南巻（上）』中国ISBN中心出版 二〇〇三年 五二八〜五二九頁
〔25〕 湯君純〔編〕『雲南省民間文学集成 曲靖地区故事巻』雲南民族出版社 一九九三年 三四七〜三

五二頁
［26］梶濱亮俊［訳］『チベットの屍鬼四十七話　上下』テクネ　二〇一六年
［27］西村正身「チベット語版『屍語故事』・モンゴル語版『シッディ・クール』所収話対照表」、『比較民俗学会報』第四二巻第一・二合併号　二〇二二年　七～一〇頁
［28］梶濱亮俊［訳］『チベットの屍鬼四十七話　上』テクネ　二〇一六年　四九～六一頁
［29］王暁松・和建華［訳注］『屍語故事』雲南民族出版社　一九九九年　二九七～三〇一頁
［30］吉原公平［訳］『蒙古　シッディ・クール物語』ぐろりあ・そさえて　一九四一年　五〇～七二頁
［31］西脇隆夫［編］『モンゴル説話集　シッディ・クール』溪水社　二〇一三年　二九～四五頁
［32］季永海［訳］『屍鬼故事』中央民族大学出版社　二〇〇二年　一六～二〇頁
［33］中国民間故事集成・西蔵巻編輯委員会［編］『中国民間故事集成・西蔵巻』中国ISBN中心出版　二〇〇一年　六七二～六七四頁

第四章　「力太郎」の比較民話学

1．異常誕生モチーフ

第一章で日本の「力太郎」のいろいろな伝承を見、第二章では「力太郎」と「桃太郎」との関係について見た。さらに第三章では中国大陸に「力太郎」の類話を求め、少数民族のあいだに伝わる「マッサン」の伝承について見た。

ここでいよいよ「力太郎」と「マッサン」を比較してみることにしよう。「力太郎」と「マッサン」のあいだには、すでに指摘したようなさまざまな類似点がある。まずは異常誕生のモチーフから見てゆこう。

異常誕生

「力太郎」の異常誕生には、三つの説き方がある。一つは爺と婆が垢（こんび）から作った子という、絵本にも採用された有名なモチーフである。二つ目は「雉の子太郎」のキジの卵から生まれるモチーフ、そして三つ目は桃から生まれるというものである。

一方「マッサン」では、中国西北類話群と西南類話群のあいだで大きな違いがある。西北類話群では、主人公は馬から生まれるというのが一般的である。チベットの『屍鬼物語』でも、飼い主の男が牝牛に生ませた牛頭人身の怪人になっている。

これに対して西南類話群では牛馬から生まれるという例はなく、人間の瘤《こぶ》や膝など、身体の一部から生まれたという話が多い。たとえばプミ（普米）族[1]〈例話21〉やリス（傈僳）族[2]では「婆の頭の瘤」、トーロン（独竜）族では「婆の太もも」[3]、雲南のチベット（蔵）族〈例話22〉では「婆の膝の瘤」[4]、ロッパ（珞巴）族では「爺の首の瘤」[5]、といった具合である。

つまり地域によって主人公は牛馬から生まれたり、人間の身体の一部から生まれることになっているわけで、これは日本の「力太郎」が雉の卵から生まれたり、爺婆の垢から生まれたりしているのと同じである。

このうち私が特に注目するのは、西南中国の「マッサン」に多い、爺や婆の瘤や膝から誕生するモチーフである。これは「力太郎」に見える爺婆の垢から誕生するモチーフと無関係ではあるまい。ただ第一章で述べたように、垢から子どもが生まれるというモチーフは、「力太郎」としては必ずしも一般的なものではない。したがってこのモチーフがごく特殊な変化、たとえば話者の思い付きによって生まれたとすれば、これを国際的に比較してみても無意味であろう。

しかし東北地方には「力太郎」とは別に、爺婆の身体の一部から生まれた子が大活躍するという話が知られている。それは人のスネから生まれた子が活躍する「スネコタンパコ」という話で、垢から生まれるという「力太郎」のモチーフと無関係だとは思えない。岩手県下閉伊郡岩泉町に伝わる話（「すねこタンパン」）は以下のようである。

爺のスネが腫れてそこから小さな男の子が生まれる。子どもは川に落ちて魚に呑みこまれるが、その魚は金持ちの家に届けられる。魚から出た子どもはその家に泊めてもらう。子どもは夜中になると、もらった米をその家の娘の口に付け、米が無くなったと騒いで娘を嫁にもらって帰る[6]――。

これは昔話としては「一寸法師」の類話で、「力太郎」とはまた違うタイプの話だが、異常誕生のあり方は、「マッサン」の西南少数民族の類話と完全に一致する。

ちなみに「こんび太郎」〈例話1〉では、爺と婆が二人の垢で作った人形が人間の子どもになったという。これに似たモチーフをもつ話は、中国東北部大興安嶺地方（黒竜江省塔河県）に住むツングース系のオロチョン（鄂倫春）族にもある。子のない婆が自分の親指を切って布にくるみ、箱に入れて天に祈ると、七日目に声がして子どもになったという。子どもはやがて異常成長し、化け物を殺して娘を助ける[7]。

この話は「マッサン」に近いタイプの物語だが、類話とまではいえない。しかしこのような異常誕生のモチーフが中国東北部の少数民族にもあるとすると、同様のモチーフはさらに広い範囲に伝わっていた可能性がある。現に日本でも、爺や婆の膝のでき物から生まれた子どもが活躍するという話は、奄美群島の徳之島や沖永良部島にも伝わっている。[8]日本における異常誕生の一つの説きかたであったものであろう。

ここで大事なことは、爺婆の身体の一部から異常な力をもった子どもが生まれるという異常誕生モチーフが、日本の「力太郎」だけでなく、中国大陸（西南部）の「マッサン」にも結びついているということなのである。

大食い

「力太郎」では主人公は急速に成長し、大食いのあまり家を追い出される。例えば第一章の冒頭で紹介した岩手県の「こんび太郎」〈例話1〉は、あまりにも大食いのため爺と婆が困っていると、こんび太郎は爺婆に重い金棒を作ってもらい、それを持って旅に出る。また二戸には一歳で一升、二歳で二升、十歳で一斗の飯を食べるという「大食《おおまぐら》太郎」がおり、秋田県横手市にも馬のように飯を食う「まぐらきゃし太郎」〈例話3〉がいた。

福井県勝山市の「太郎次郎三郎」〈例話11〉でも、桃と梨と柿から生まれた太郎、次郎、三郎の兄弟は大飯食らいで、一日たてば一升、二日で二升、三日たてば三升の飯を食べるという。

主人公の大食いは、西南中国の「マッサン」でも同じである。前章で紹介した雲南省のミャオ（苗）族の話〈例話24〉でも、生まれて一か月で一椀の米を食べ、成長すると日に一斗、月に三石《ごく》の飯を食べるランルオと名づけられた主人公がいた。ランルオとは大飯食らいのことであるという。似たような主人公は、四川省涼山のイ（彝）族にもいた。

〈例話26〉

夫婦がいる。妻がスモモの木に光っている二つの実を見つける。一つを少しかじってみるとおいしい。もう一つの実も取って持ち帰る。櫃に入れておくと、七日目に男の子と女の子になる。女の子の頬には傷がある。男の子は三日目には米飯を食べて座って遊び、七日目には椀の飯を食べて歯が生えて喋り、九日目には一升の飯を食べて放牧に出、十一日目には一斗の飯を食べて畑を耕し、十三日目には一石の飯を食べて狩りに行く。子どもはやがて家中の食べ物を食べつくす。夫婦は子を殺そうと思う[9]――。

これは果実から生まれるところまで、「太郎次郎三郎」とよく似ている。日を追うごとに食べる飯の量が増えるという説き方は、雲南省のペー（白）族などにもあり[10]、この地方の「マッサン」でも、異常誕生児の大食いぶりを「力太郎」と同じように語っていたのである。

ついでに言えば、「力太郎」が持ち歩く鉄棒がある。これは岩手の「こんび太郎」では主人公の怪力を象徴する物として欠くことのできない要素になっている。中国の「マッサン」では、必ずしも一般的に見えるものではないが、雲南省のミャオ族では旅立ちにあたって父に「三千斤の大きな弩《いしゆみ》」を作ってもらい〈例話24〉、また四川省凉山のイ族の類話〈例話26〉では、主人公は親から鍋と弓矢をもらって旅に出ることになっている。

2．父親の殺意

山から大木を落とす

先に福井県勝山市の「太郎次郎三郎」〈例話11〉に見える三人兄弟の大食いぶりについて紹介した。その話の続きはこうである。

——兄弟を爺の所へ割木担ぎに行かせる。太郎が割木を担いでくると後の山へひびき、次郎が担いでくると山に割れ目ができかけ、三郎が置いたら山が崩れかける。婆は兄弟に出ていけという。

これと似たくだりは、加賀の「桃太郎異譚」〈例話10〉にもあった。

――その子はだんだん力がついてくる。背戸のよの木を抜いて、隣の屋根にもたせかける。ほしたら「じとらどん」という隣家の親父が、「打たぬ太鼓の鳴り太鼓をしてこい」という。桃太郎は紙を張った篩《ふるい》の中に虻《あぶ》を入れて転がす。次に「灰の草履」というと、草履を燃やして持って行く。さらに「鬼ヶ島へ行って鬼の牙を取ってこい」というと、桃太郎は暇乞いして旅に出る。(11)

ここでは、木を担いで帰るモチーフの次に隣の親父が一連の難題を課すくだりがあり、最後の難題が鬼の牙を取ってくるという「鬼退治」になっている。木を担いで帰るモチーフは、ここでは異常誕生児の怪力を示すだけだが、これを「マッサン」と比較してみると、そこには隠れた意味があったように思われる。

それを考えるために、四川省涼山イ族のスモモから生まれた子どもの話の続きを見よう。

――〈例話26続き〉

（子を殺そうと考えた）父は、石臼を作ると言って男の子を山に連れて行き、上から石を落として受け止めさせる。子どもが圧死したと思った父が家に帰って鶏を煮ていると、子どもが石を背負って帰って来て、石をどこに置こうかという。父は家の周りを九回まわらせる。子どもが石を置くと家が震える。子どもは肉を全部食う。今度は踏み臼を作るといって、父は子どもを連れて山に行き、大木の下敷きにして殺そうとする。父が家に帰って豚を食べようとすると、子どもは木を担いで帰ってくる。どこに置こうかというので、屋根に置かせると家が震える。子は鍋と弓矢をくれれば家を出ると言って、それらを作ってもらい家を出る。

子どもが担いできた大木を置いたところ地響きがしたという細かいところまで「太郎次郎三郎」と似ている。

西南少数民族の類話には、異常誕生児を山に連れ出して殺そうとする話が多い。そこでは山から木や石を落として異常誕生児を殺そうとするが、子どもは事もなげにそれを担いで帰ってくるというのが一つの定型になっている。前章で紹介したプミ族の〈例話21〉もそうだが、もう一つ雲南省のリス族の類話の該当部分をあげておこう。

〈例話27（部分）〉

子どもは大飯を食って大きくなる。爺は子どもを連れて木を切りに行き、大木を落として殺そうとするが、子どもは大木を担いで帰ってくる。翌日、爺は竹を刈りに行き、山の上から尖らせた竹をたくさんすべり落として子どもを刺し殺そうとする。子どもは竹を担いで帰ってくる。次に爺は大岩を落として子どもを殺そうとするが、子どもは岩を担いで帰ってくる。子どもは両親の気持ちを悟り、刀と火種をもらって旅に出る。[12]

「マッサン」の西南類話群では、このように大木を落として殺そうとする父の企みに対し、怪力の子は山から大木を担いで帰ってくるのである。異常誕生児を殺すために山から落とした大木を担いで帰る話は、日本の話にも見える子どもが山の大木を担いで帰ってくる話と、どこかでつながっていないだろうか。

殺すための難題

チベット自治区ラサ（拉薩）市に伝わる「マッサン」の類話では、地元の有力者が異常誕生児を殺すために難題を出すことになっている。この話では主人公はヒグマにさらわれた娘が生んだ子である。子どもは父親であるヒグマを殺して母と一緒に家に帰るが、怪力を発揮する。そこで――

〈例話28（部分）〉

土地の有力者が母を呼び、子どもを殺さなければならないという。有力者は子どもに山の毒蛇を退治させせる。子どもは毒蛇を退治し、その首を有力者の家に持ってくる。驚いた有力者は、今度は山の妖怪を退治するように命じる。子どもは妖怪のいる山へ向かう道中、大きな男と力比べをして負かし、その男を仲間にする。[13]

この話は前章で紹介したウイグル族の「アイリ・クルバン」〈例話19〉に近いものである。主人公が難題として課された化け物退治に向かう途上、不思議な仲間に出会うという展開は、加賀の「桃太郎異譚」〈例話10〉と同じである。ただこのチベットの物語では、最後に裏切った仲間を懲らしめた後、有力者の財産を奪い取ることになっている。

有力者が難題を出して異常誕生児を殺そうとする話は、奄美群島の徳之島にもある。そこでは子どもは婆の膝のねぶと（できもの）から出た子である。「ねぶと」は殿様の家来になるが、殿に馬糞を食わせようとしたため、怒った殿が「ねぶと」を殺すためにさまざまな策略をめぐらす。そのたびに「ねぶと」は策略をうまくかわして逃げ、最後には殿から財産をもらうという話である。[14]ここでは「ねぶと」は怪力でもなく、また不思議な仲間や化け物退治もないが、婆のできものから生まれた子が、自分を殺そうとする者の企みを切り抜けるというのは、雲南少数民族の類話と同じである。

先に見た「桃太郎異譚」でも、隣の親父が桃太郎にいくつかの難題を出し、その最後が鬼の牙を取りに行かせるというものであった。隣の親父の難題は、本来桃太郎を殺すための策略であったとみてよいであろう。

「山行き型・桃太郎」の意味

そうなると、第二章で紹介した、中国地方から四国地方にかけて伝わる「山行き型・桃太郎」が問題になる。この話では怠け者の桃太郎が、怪力を発揮して大木を根扱《こ》ぎにして帰るところが話の中心になっている。そして桃太郎は根扱ぎにした大木を担いで帰ってくるや、その木を地響きをたてて置いたというのである。

もし「山行き型」と西南中国の「マッサン」双方に見える「大木を担いで帰る」というモチーフに関係があるとすると、「山行き型」において、友だちが執拗に桃太郎を山へ誘い、桃太郎がそれを断り続けるというくだりも、別の意味に見えてくる。今では桃太郎が怠け者であることの証拠のようにみなされているくだりだが、それは桃太郎を山に誘って殺す計略を桃太郎が何度も回避するということだったのかもしれない。

そしてまた、このように考えてみると、四国や岡山の「山行き型」が殊更に爺婆の死を説くという、もう一つの謎も氷解する。かつて野村純一は、爺婆が死んでしまう「山行き型」について、「整合性に欠け」「不協和音」があると述べた。しかしそれは桃太郎が爺婆に普通に育てられたと見るからで、もし爺婆が異常な力をもった桃太郎に殺意を抱き、いろいろな謀《はかりごと》をめぐらせていたとすれば、桃太郎はその報復を果したことになるわけである。

3．不思議な仲間たち

不思議な仲間

いよいよこの物語で最も興味深い、「不思議な仲間」について考えてみよう。以下は「力太郎」に登場するユニークな仲間たちの顔ぶれである。

・「御堂こ太郎」（御堂を背負って来る）・「石こ太郎」（石を手で割っている）　岩手県旧和賀郡〈例話1〉
・「石子太郎」（石を転がしてくる）・「御堂太郎」（御堂を頭に載せてくる）　岩手県旧江刺郡〈例話2〉
・「岩砕ぎ太郎」（大岩を転がす）・「お堂っこ背負い太郎」　秋田県横手市〈例話3〉
・「岩の子太郎」（岩が割れて出る）・「石の子太郎」（石が割れて出る）　新潟県長岡市〈例話4〉
「よしの子太郎」（よし野が割れて出る）
・「石切り」・「岩はがし」　福島県大沼郡
・「竹の子太郎」（竹やぶから出る）・「岩の子太郎」（岩のところで遊んでいる）　岩手県下閉伊郡〈例話5〉
・「岩ない太郎」（拳で岩を割っている）・「竹ない太郎」（拳で竹の節を割っている）　秋田県旧北秋田郡〈例話6〉
・「竹ナリ子」（竹から生まれる）・「葭ナリ子」（葭原にいる）　秋田県旧仙北郡〈例話7〉
・「犬」・「猿」・「雉」・「石切り坊主」（石を切る）　秋田県旧由利郡〈例話8〉
「柴引き坊主」

先にも述べたように、仲間の面々を見ると、石の中から現れたり、石を割っているなど、石に関係深い仲間が多いことに気が付く（傍線直線部）。そして「竹の子太郎」「竹ナリ子」「葭ナリ子」「よしの子太郎」など、植物や草原に関係する仲間も多い（傍線波線部）。

次に、同じように「マッサン」に登場する仲間（お供）を列挙してみよう。

・平原にいた男・森の中にいた男・石の上にいた男（チベット族・四川省）
・大木の中から出てきた男・岩の中から出てきた男（ユーグ族）〈例話17〉
・柳の瘤から出た男、岩の中から出た男（白馬チベット族）〈例話18〉
・柳の木から出た子ども・岩から出た子ども（漢族・甘粛省）
・岩の下から出てきた男・樹の中から出てきた男（トゥー族）
・石から生まれた少年・木から生まれた少年（サラール族）
・ひやしそばバートル・氷バートル・ひきうすバートル・はがねバートル（ウイグル族）〈例話19〉
・テミルバトゥル・スーバトゥル（ホイ族）
・岩から出た若者・楡の樹の中から出た若者（カザフ族）〈例話20〉
・豚飼い・羊飼い（プミ族）〈例話21〉

・石の林から出た男・森から出た男・草地から出た男　（チベット族）〈例話22〉
・怖がり・山揺らし・山抜き　（イ族）〈例話23〉
・草刈り・魚取り　（ミャオ族）〈例話24〉
・樹の下にいた黒い男・牧草地にいた緑の男
　ガラスの高い山の頂上にいる白い男　『屍鬼物語』〈例話25〉

ここでも石と樹木に関係のある者が出現しており（傍線部）、それは西北部の少数民族の例に顕著である。特に白馬チベット族や甘粛省の漢族、トゥー族の木と石から出現する仲間などは、岩手県岩泉町の「岩の子太郎」と「竹の子太郎」、新潟県長岡市の「石の子太郎」と「よしの子太郎」と似ている――というより、ほとんど同じである。

英雄が旅の途中でさまざまな者と出会い、彼らを仲間にするという展開は、「桃太郎」の犬、猿、雉を見るまでもなく、いろいろな物語にあって当然である。しかし仲間が石の中と樹木や草原の中から出現しなければならない事情がない以上、このような組み合わせが日本と中国で偶然に一致することはあり得ない。

「不思議な仲間」を比較の焦点にすると、「力太郎」と「マッサン」のつながりは明らかである。「力太郎」に見える石の中から出る仲間と草原から出る仲間は、この話が日本に伝わった段階からあったものに違いない。

仲間の力

「力太郎」では、旅に出た主人公が「不思議な仲間」と出会うたびに、力試しをして勝つ場合が多い。こんび太郎は御堂こ太郎を木の上まで投げ飛ばし、石こ太郎を首まで地面にめりこませてしまう。「力太郎」のお供はいずれも怪力を持っているものの、主人公には勝てないのである。

「マッサン」にも、このようなくだりをもった話がある。ウイグル族の「アイリ・クルバン」〈例話19〉がそうだが、ここでは雲南省のプミ族の例を見よう。

〈例話29（部分）〉

ガンソンパチン（主人公）がある山へ行くと、一人の男が大木を引き抜いている。ガンソンパチンがその木を手で真っ二つにすると、男は彼の弟分になり、いっしょに旅を続ける。川辺まで来ると、道に大男が立っている。木を抜く男が道を譲るようにいうと、その大男に張り倒される。ガンソンパチンが大男と話そうとすると、大男は鉄の塊を引き裂く。ガンソンパチンが一吹きすると、大男は河の向こうまで吹き飛ばされる。大男も弟分になる[15]――。

このように主人公は、次々と現れる不思議な男たちを怪力で圧倒し、彼らを仲間に加えて引き連れて行く。このくだりは、まったく「こんび太郎」そのままである。

消える仲間

さらに注目すべきは、不思議な仲間が消滅する部分である。新潟県長岡市に伝わる「きじの子太郎」の結末は以下のようであった。（原文）

――〈例話4（部分）〉

よしの子太郎は、よし野のどこ（ところ）までくると、「さらば、さらば」と言うて、よし野にけえて（消えて）しもた。石の子太郎も、大石のどこまでくると、「さらば、さらば」と言うて、大石の中へけえてしもた。岩の子太郎も大岩のどこまでくると、「さらば、さらば」と言うて、大岩の中へけえてしもた。［（　）内は引用者注］

これと似た結末は秋田県仙北市の「桃内小太郎」にもあり、そこでは葭ナリ子は葭原で守り不動尊だと言って消え、竹ナリ子は竹原で守り産土神だと言って消えてしまう〈例話7〉。

これに対して、先に紹介した新彊ウイグル自治区のホイ族の類話では、正体を隠して家に帰った主人公が、二人の弟の前で岩と樹を射ると、弟たちはそこに吸い込まれてしまう。

また四川省の白馬チベット族の類話では、石から出た男は最後に柱の礎石にされ、樹から出た男は木の台にされてしまう〈例話18〉。石と樹から出た男たちは、最後にまた石と樹に戻ってゆくのである。特殊な一致というべきだが、興味深い例として挙げておく。

4．化け物退治と役に立たない仲間

役に立たない仲間

「力太郎」に登場する不思議な仲間は、肝心の化け物退治でも役に立たず、むしろ主人公の足手まといになる。岩手県旧和賀郡の「こんび太郎」〈例話1〉では、仲間の御堂こ太郎と石こ太郎は化け物にゲロリと呑まれ、同岩泉町の「雉の子太郎」〈例話5〉では、仲間の竹の子太郎と岩の子太郎は、せっかく取ってきた鬼のキモを海に落としてしまう。新潟県長岡市の「きじの子太郎」〈例話4〉では、岩の子太郎・石の子太郎・よしの子太郎という三人の仲間は、鬼ヶ島の鬼の門を開けることができず、秋田県北秋田市の「きじない太郎」〈例話6〉では、仲間のいわ（岩）ない太郎とたけ（竹）ない太郎は鬼と相撲を取って負けてしまうのである。

「マッサン」の仲間にも、これと同じような性格が見えるだろうか。もう一度、先ほどのプミ族の話を見てみよう。主人公のガンソンパチンが二人の仲間と旅を続ける話の続きである。

――〈例話29続き〉

三人がある村に行くと、老人たちが泣いている。聞くと、美しい娘が三人、行方不明になったので探してほしいという。ガンソンパチンは木を抜く男に食事の用意をさせ、自分たちは娘を探す。木を抜く男が食事の用意をしていると、竈《かまど》の中から男が出てきて木を抜く男を打ち倒し、飯を食べて土中に消える。翌日、ガンソンパチンのもう一人の弟分が食事の用意をするが、同じように打ち倒される。ガンソンパチンは二人の弟分を引き連れて娘たちを探しに行き、ついに洞窟を見つける。まず二人の弟分に洞窟を調べさせると、二人は何者かに打たれて戻って来、洞窟に入ろうとしない。そこでガンソンパチンは一人で洞窟に入る。

次々と仲間を加えながら、化け物に苦しめられている村にやってくるという展開は、このほか「こんび太郎」と似ている。この話では二度にわたって仲間の無能が語られている。一度目は料理番の時に竈から出てきた化け物に打ち倒されるところ、二度目は化け物が逃げ込んだ洞窟に積極的に入ろうとしないところである。仲間が主人公と共に洞窟に入らないのは、「マッサン」では一般的である。

「マッサン」では、仲間が一人で食事の準備をしている時に化け物がやってくるという話が多い。一人で食事の用意をしている仲間は必ず化け物に食料を盗まれてしまうが、最後に主人公が化け物を撃退するのである。

雲南省のチベット族の類話におけるこのくだりをみよう。主人公は三人の仲間、つまり石の林から現れた男、森の中から出てきた男、草地から出てきた男といっしょに暮らしている――。

――〈例話30（部分）〉

石の林から出た男が一人で食事作っていると、化け物がやってきて、この肉は誰のものだという。石の林から出た男はあなたのものだと言って化け物に肉をやり、猪の糞をまいて猪に肉を盗まれたと嘘をつく。翌日、森の中から出てきた男、草地から出てきた男が二人で食事作っていると、化け物が現れ肉を食べる。二人は野獣に食べられたと嘘をつく。[16]

その後、仲間の嘘を見ぬいた主人公が一人で化け物を待ち受け、化け物の隙を見て呪具をすり替えて殺してしまう。ここでは三人の仲間が臆病であるというだけでなく、嘘をつくなど信用できない性質を見せている。これを見ても分かるように、「マッサン」の仲間は、「六人組の世界旅行」に登場する聞き耳や早足、寒がりなど、それぞれの能力を発揮して主人公を助ける仲間たちとは、まったく異なった存在なのである。

また西北少数民族の類話では、鳥になってやってきた娘たちが密かに食事を作るという挿話を説く場合が多い。この場合でも、娘たちを発見して捕らえるのは必ず主人公で、そのほかの仲間は失敗する。そして三人兄弟の妻になった娘たちのところへ化け物がやってきたときにも、化け物に対して仲間はまったく役にたたず、反撃を加えるのは常に主人公だけである。

ところで「力太郎」では、化け物を退治した後、嫁をもらって終わる場合（「こんび太郎」）と、鬼ヶ島から鬼の牙などを持ち帰る場合（「雉の子太郎」）に分かれるが、いずれにしてもここで話が終わる場合がほとんどである。一方「マッサン」では、主人公が化け物を攻撃した後、さらに化け物の逃亡、主人公と仲間による化け物の追跡、主人公の洞窟下り、化け物退治、仲間の裏切り、洞窟からの脱出、そして報復と、物語はさらに展開することになるのである。

雲南省、リス族の婦人（筆者撮影）

主人公に助けられる仲間

雲南省のリス族には、仲間たちが主人公といっしょに化け物を攻撃するという珍しい話がある。

〈例話31〉

子のない夫婦が子を欲しがっていると、豚のような顔の子ができる。ウェイムチンと名づける。ウェイムチンは三歳で巨大に育ち、怪力で巨木を切り倒して谷底から運んでくる。

ある年、作物をいくら植えても作物が雑草になってしまう。ウェイムチンが見張っていると、洞窟から出てきた老人が呪文を唱えて作物を雑草に変えている。ウェイムチンを見た老人は、魔法の棒を落として逃げる。ウェイムチンは老人を追いかけて洞窟に入る。

洞窟を抜けると川がある。漁をしている男に川を渡してもらい、その男と一緒に老人を追う。巨大な鉄槌をもつ鍛冶屋がいたので、鍛冶屋も仲間にする。次いで猟師に出会って仲間にし、四人で化け物を追う。洞窟に入るが、まず飛び込んだ鍛冶屋が化け物に殺される。次に猟師が立ち向かうが化け物に蹴り上げられて死ぬ。さらに漁師が網を打つが、化け物の舌に巻かれて殺される。ウェイムチンが大きな斧で化け物を殺し、殺された仲間を魔法の棒で蘇らせる。[17]

面白い話だが、「マッサン」の類話としては単純で、しかもかなり崩れている。呪宝の獲得も「マッサン」にはない要素である。化け物を追って異界に入ってから三人の仲間に出会うという展開も、一般的な「マッサン」とは異なっている。ただ仲間たちが次々と化け物に立ち向かうがみな殺され、最後に主人公が化け物をたおして仲間を蘇生させるという展開は、一般的な「マッサン」よりもむしろ「こんび太郎」に近い。

この物語は、雲南少数民族のあいだで複雑に展開する「マッサン」の変化の一つだが、興味深い点として、ここに異常誕生児が巨木を担いで帰ってくるという要素が現れていることに注意しておきたい。

化け物の追跡

「マッサン」に見える化け物を追跡するくだりは「力太郎」には見えないものだが、「力太郎」の類話の中にも、わずかながら化け物を追跡する話がある。すでに何度か紹介した、福井県勝山市の「太郎次郎三郎」がそうである。桃と梨と柿から生まれた太郎次郎三郎兄弟が一軒の家にゆくと、娘が泣いている。そのわけを尋ねると――

――〈例話11（部分）〉

今夜、化け物が自分を食べに来るという。三人は助けてやろうと言い、太郎が三階の窓、次郎が二階の窓、三郎がせど（裏口）で待ち受ける。やがて化け物がやって来るが、三人は化け物を取り押さえ、柿の木にくくり付ける。

翌朝、化け物は縄を切って逃げていたので、血の跡を追う。池に入った形跡があり、そこには娘の父母の骨が落ちていた。[18]

似た話は宮城県本吉郡にもある。「つえ（知恵）もん」「えわ（岩）砕じ」と「堂しょえ」の三人が、子どもをさらう鬼を退治する話である。……

――〈例話12（部分）〉

鬼がやって来ると一の門でえわ砕じを呑み、二の門の堂しょえを呑む。鬼が三の門を開けようとすると石が落ちてきて、鬼は血だらけになって逃げる。つえもんが鬼の血跡を追うと、鬼は沼の縁で頭をかかえてしゃがんでいた。ひと突きにしようとすると鬼は許してくれというので、仲間を吐き出させる。村人は安心して暮らせるようになった。[19]

ここには主人公の異常誕生や不思議な仲間との出会いもなく、「力太郎」の類話としては不十分な話だと言わざるを得ない。しかし呑み込まれた仲間を吐き出させるのは「こんび太郎」にもあり、「力太郎」の類話であることは間違いない。日本の「力太郎」にもわずかながら「マッサン」のように、主人公が逃げる化け物を追いかけるくだりをもつ話もあったのである。

5.「力太郎」とは何か

「力太郎」と「マッサン」の一致

いま、日本の「力太郎」と中国少数民族に伝わる「マッサン」に見える、数々の共通点についてて見てきた。

「力太郎」のような単純な物語であれば、部分的に一致する物語など、どこにでもあると思われるかもしれない。異常誕生児が旅に出、途中で出会った者を仲間にし、力を合わせて化け物退治をするという話なら、「桃太郎」がまさにそれである。それゆえ、「力太郎」が「桃太郎」の原型とされることもあったのである。

だが類話の系統をたどる場合、物語の骨子の比較が重要なのは当然だが、むしろ重要なのは、骨子と無関係な部分や細部のモチーフである。このような部分の一致が多ければ多いほど、偶然の一致である可能性が低くなるからである。

「力太郎」と「マッサン」のあいだには、身体の一部から生まれる異常誕生、大食、大木を担いでくる怪力、石と木の中から出現する不思議な仲間、その仲間たちがそろって役にたたない等々、細部にわたる一致がある。それらがすべて偶然の一致だと言えない以上、「力太郎」と「マッサン」は同一系統の物語と見なした方が合理的である。

「力太郎」と「マッサン」の母胎

ただこのように言えば、当然次のような疑問が出るだろう。

つまり「力太郎」の類話を提示するに当たって、ある場合は西北中国の類話と比較し、またある場合には西南中国の類話と比較する。広大な領域から都合の良いモチーフだけを選び出しているだけではないか。それよりも全体として「力太郎」と一致している話を求めるべきではないか、と。

しかし注意してもらいたいのは、私は何も「力太郎」の源流を西北中国、または西南中国に求めようと考えているわけではない、ということである。つまりここで考えようとしているのは、「マッサン」が西北類話群と西南類話群に分かれる以前に中国大陸にあった「何か」と、「力太郎」が現在のような形をとる以前にあった「何か」、そしてそれらの背後にどのような母胎があったのか、ということなのである。

したがって、「力太郎」の異常誕生についてはその類話を中国西南地方に求め、不思議な仲間については類話を中国西北地方に求めても問題はない。むしろ西北と西南に見える二つのモチーフが結びついた伝承が日本にあるとするなら、それは中国大陸にもかつてそのような伝承があり、それが西北と西南に分離したと考えるのである。

記紀神話以降、日本の数多くの説話集の中には、世界的な広がりをもって展開する物語を見いだすことができる。ユーラシア大陸を流れる大きな物語の潮流が、日本に届いていたことは間違いないことである。「力太郎」もまた、中国大陸辺境部に残る「マッサン」と共通した母胎から分かれ出たものであろう。

「力太郎」とは何か

本章を終えるにあたり、「マッサン」との比較から見えてきた「力太郎」の実像について述べておきたい。

昔話として採集された「力太郎」の類話を見ると、個々の変化が大きく、中には結末の意味がすでに分からなくなったものもある。また「桃太郎」と習合して「桃太郎」の一種と認識される話もあった。おそらく「力太郎」は、日本において昔話の採集が始まった時代にはすでに衰滅の寸前にあったものであろう。

かつて日本にも「マッサン」のような筋立てをもった長い物語があったに違いない。しかしそれはやがて崩壊し、前半部分の化け物退治の部分だけが独立し、一つの昔話として新たに命をもつことになった。それが「力太郎」である。さらにその怪力の面白さをいう部分だけが残ったのが「山行き型・桃太郎」であろう。そして化け物退治以降の古い形式をわずかに残すものが北陸地方の「太郎次郎三郎」〈例話11〉であった。

今日「力太郎」は、単純な筋立ての割には力強い面白さによって、国民的に親しまれる物語となっている。かつて中国大陸で広まり、今なお辺境の少数民族のあいだに流布している英雄の物語は、日本にも伝わったと思われる。

日本に伝わった伝承は近代になって衰滅したが、その一部は「力太郎」という昔話として民間に残った。そして衰滅の寸前に記録された昔話が、新たに児童文学として蘇ったのである。口承文芸の生命力というべきであろう。

注

［1］王震亜［編］『普米族民間故事選』上海文芸出版社　一九九四年　九四～一〇一頁

［2］怒江傈僳族自治州《傈僳族民間故事》編輯組［編］『傈僳族民間故事』雲南人民出版社　一九八四年　二〇九～二一〇頁

［3］中国民間故事集成・雲南巻編輯委員会［編］『中国民間故事集成・雲南巻（上）』中国ISBN中心出版　二〇〇三年　五二八～五二九頁

［4］徳欽県文化館民間文学集成弁公室［編］『徳欽蔵族故事集成（一）』徳欽県文化館民間文学集成弁

公室　一九八八年　三八～四二頁
［5］冀文正『珞巴族民間故事』四川民族出版社　二〇一一年　四四～五六頁
［6］高橋貞子［編］『火っこをたんもうれ』熊谷印刷出版部一九七七年　五七～五九頁
［7］大興安嶺地区民間文学集成編委会［編］『大興安嶺民間文学集成（上）』大興安嶺地区民間文学集成編委会　一九八七年　二八一～二八五頁
［8］田畑英勝［編］『徳之島の昔話』自刊　一九七二年　二九～三七頁
［9］涼山彝族自治州文学芸術界聯合会［編］『涼山民間故事精粋』四川民族出版社　二〇一四年　五七～六六頁
［10］施中林［主編］『蘭坪民間故事集成』雲南民族出版社　一九九四年　一〇五～一〇七頁
［11］山下久男『加賀昔話集』岩崎美術社　一九七五年　九三～九五頁
［12］怒江傈僳族自治州《傈僳族民間故事》編輯組［編］、前掲書　二〇九～二二〇頁
［13］中国民間故事集成・西蔵巻編輯委員会［編］『中国民間故事集成・西蔵巻』中国ISBN中心出版　二〇〇一年　五六二～五六八頁
［14］福田晃ほか［編］『徳之島の昔話』同朋舎出版　一九八四年　一八～三二頁
［15］王震亜［編］前掲書　一一三～一一八頁
［16］徳欽県文化館民間文学集成弁公室、前掲書　三八～四二頁
［17］怒江傈僳族自治州《傈僳族民間故事》編輯組［編］前掲書　二二一～二二六頁
［18］杉原丈夫『越前の民話』福井県郷土誌懇談会　一九六六年　一七～一九頁
［19］佐々木徳夫『むがす、むがす、あっとごぬ、第一集』未來社　一九七八年　三二五～三二九頁

第五章　沖縄の「力太郎」

1．宮古群島の伝承

日本に伝わった「マッサン」

日本の昔話として知られている「力太郎」は、中国大陸の少数民族に伝わる「マッサン」の前半部分が独立したものである。そして、北陸地方の「桃太郎異譚」「太郎次郎三郎」、さらに型破りな「桃太郎」として知られる「山行き型・桃太郎」なども、「マッサン」との関係を想定することで、はじめてその位置づけを明らかにすることができる。

前章において「力太郎」と「マッサン」を比較した結果、以上のように考えてみた。

しかし「マッサン」が日本に伝わっていたとすれば、これほど起伏にとんだ面白い物語が、前半部分だけを残してあとは消滅してしまったと考えても良いのだろうか。あるいは中国大陸で「マッサン」から「力太郎」のような単純な話が生まれ、それが日本に伝わったのではないか。

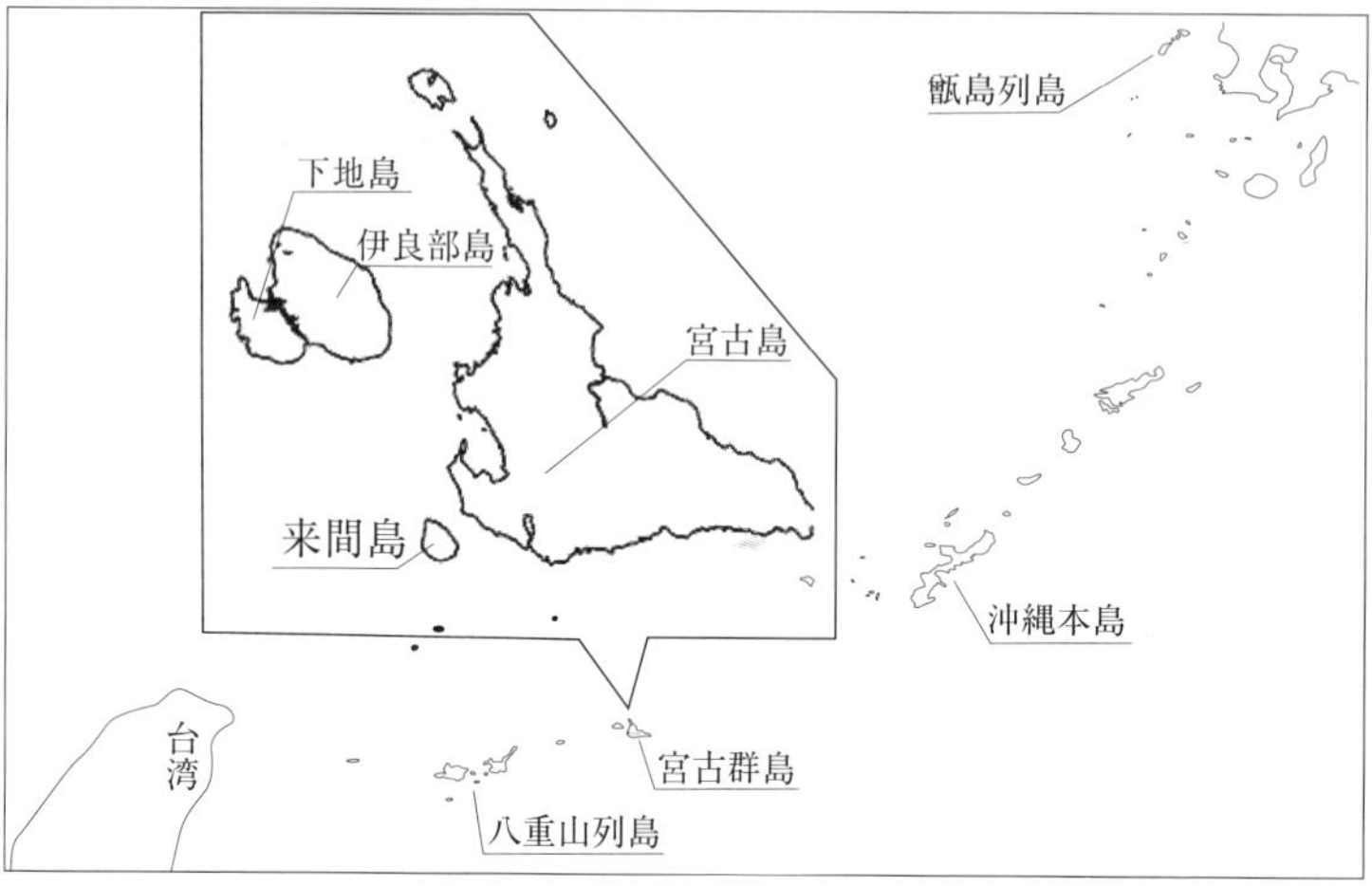

地図７　来間島の位置

ところが「マッサン」は、まとまった形で日本に伝わっていたらしい。そのことを示す話が、意外な場所に伝わっていた。それは「力太郎」が伝わる東北地方とはまったくかけ離れた沖縄、しかもその南部に位置する宮古群島の小さな島である。

卵から生まれた兄弟

沖縄本島の西南約二九〇キロのところに、宮古群島がある。その中心をなす宮古島の西南に、周囲九キロほどの小さな島、来間《くりま》島がある。

来間島では「来間プーイ」と呼ばれる豊年《ほうねん》祭《さい》が行われてきたが、そこにはその祭の由来を語る伝説があった。

以下に紹介する伝承——来間島村建《するだて》由来譚

――は、一九七六年に採録され、来間島とその周辺に伝わる同様の伝承のなかでは、最も詳細なものである。話者は物語の主人公である三人兄弟の末弟を祖とする家（ヤーマスヤー）の末裔であり、この伝承はまさに家の伝承として生きてきたものである。重要な話なので、途中で解説を加えながら紹介したい。

〈例話32〉
川満《かわみつ》のキサマ（喜佐真）按司《あじ》の娘が卵を三つ産む。畑に捨てると三日目に男の子が三人生まれているので連れ帰る。大食いで養えないので与那覇《よなは》のシル豊見親《とうゆみや》のところへやるが、そこでも養えないので来間島にやる。[1]

――川満は宮古島西岸の地名である。按司は地方の支配者。冒頭から娘が三つの卵を生んで、そこから三人兄弟が誕生したという異常誕生を説いている。娘が生んだ子は太陽の子であったという伝承もある。[2] 生まれた子どもが大食いで、育てがたいために家を追い出されるというのも、「力太郎」と同じである。

なおここでは三兄弟は本当の兄弟になっており、「力太郎」のように旅の途中で次々に不思議な仲間が出現してお供になるというくだりはない。

長男の怪物退治

〈例話32続き〉

三人がすむりやあという所へ行くと一軒の家があり、老婆が鍋を被ってかくれている。老婆は、豊年祭を止めたところ、ナガピシという干瀬《ひし》から恐ろしい赤い牡牛が来て、人間をすべてさらって行ったという。拝所《うがんじゅ》の北に道があって大きな門があり、そこへ行くと二度と帰ってこられないという。

三人が老婆に案内させてそこへ行く。三男に様子を見に行かせる。三男が行くと天に届くような赤牛が飛んできたので角をつかまえて押したり押されたりしていたが、兄たちが来ないとだめだという。次男が行って二人で戦ったが勝てない。

長男が行き、二人を押しのけて角を引きねじって押さえつけ降参させる。長男が角を抜いて牛を放すと、牛は血を流しながら逃げて行く。老婆に牛の角を見せると、老婆は驚いて大変な人たちだと恐れてしまう。

——島に捨てられた兄弟が化け物退治をする段である。これは「力太郎」で、主人公の一行がある村に行って、いけにえにされるところであった娘を助けるくだりに相当する。ただここでは豊年祭をやめたために、赤い牡牛が襲ってきたことになっている。現れた化け物をまず三男が相手にするが勝てず、次いで次男が相手にしても勝てないので、長男が戦って降参させる。これは「力太郎」でお供が化け物に負け、最後に主人公が化け物を降参させるのと同じである。

三男の追跡

〈例話32続き〉
翌朝、牛の逃げていった跡を追う。三男がいうには、海の底にきれいな娘が糸を巻きながら行ったり来たりしているという。三男にしか見えないので三男が海の底へ降りる。娘は自分は来間の人間だが、神に捕まって門番をしているという。神は片耳を抜かれて血が噴き出して痛いといって寝ているという。三男は兄たちを呼んで来、娘に案内されて神の家に行く。

――化け物の跡を追う段である。ここでは三男だけが一人で海の底へ降りたという。逃げる化け物を追いかけるくだりは一般的な「力太郎」にはなく、福井の「太郎次郎三郎」〈例話11〉などがわずかに伝えるだけである。化け物を追いかけるわけではないが、主人公が一人で海に入るのは、岩手の「雉の子太郎」〈例話5〉加賀の「桃太郎異譚」〈例話10〉にもあった。

豊年祭の由来

〈例話32続き〉

神は来間の人間を全部さらって来た理由を三人に話す。神は豊年祭を司る神で、祭祀をやめたために村人をさらったという。三人が自分たちが元のように祭りを行うようにさせるというと、神は人間はみな返すという。倉庫に入れてある人間は目にハンダを入れて目が見えないので、この娘だけ返すという。娘を連れて帰ると、老婆は娘は自分の子だという。その娘を長男の嫁にし、生まれた子を次男三男の嫁にした。豊年祭をこの三軒でやるようになって人間も育つようになった。

――ここで神は、人間の村を襲った理由を明かす。さらった人間の目にハンダを入れるとは面白い表現だが、要するに神にさらわれた村人を逃げられないようにして、どこかに集めていたということであろう。

宮古群島の類話

来間島の祭祀由来伝承は、宮古群島で広く知られていたものとみえ、来間島の外でもいくつかの異伝が採録されている。まず宮古島の西に浮かぶ伊良部島で採録された異伝を見よう。

〈例話33〉

村の役人が来間島の豊年祭を止めさせる。神様が怒って、大きな牛がどこからともなく来て、村の人をみんなさらってしまう。ある家では男の子が一人で残る。俵持者（たわらむちゃ）といって一人で俵七つ持つ人、もう一人は俵を八つ持つ人、そんな力のある兄弟を呼んで来る。彼らは子どもを裏に隠し、家の番をする。牛が現れる。俵七持者が出て行くが負けそうなので俵八持者が出て行って牛の角を持って倒す。縄を牛の鼻に通し、クバの樹につなぐ。牛はクバの樹を倒して逃げて行く。跡をたどると平良のツカサヤー（張水御獄《はりみずうたき》）に入っている。そこに長いクバがあったので、兄弟が悪い者が来たかというと、女の人が出てきて私の父さんが鼻が痛いといって寝ているという。入って見ると牛ではなく神が寝ている。神は縄を抜いてくれというので抜いてやる。

神になぜ人をさらうのかと尋ねると、祭りをしなくなったからだと言う。兄弟は元の通りに祭りをすると約束する。[3]

この話は全体に〈例話32〉を縮めたような話である。それでも〈例話32〉にはない重要な部分がある。それは牛の鼻に縄を通しクバの木につないでおいたが、牛は木を倒して逃げていったというところである。

もう一つは、やはり宮古群島のひとつ下地島で採録された異伝である。

〈例話34〉

来間島にファントゥという大男がいて、来間島の人を食っている。大男を退治するため、与那覇から力持ちの男二人がやって来る。一軒の家で泣き声がするので見ると、老婆が隠れている。夜中になるとファントゥが来るという。大男がやって来たので、力持ちの男二人は大男を木に縛り付ける。翌朝見に行くと、大男は大暴れしたあげく木を引き抜いて逃げている。大男の残した血の跡を追うと、東の海岸の洞窟に続いており、洞窟では大男が苦しんでいる。大男を再びつかまえて船に乗せて流してしまう。その時から、こんな人食いが現れないように、動物の骨をしめ縄に吊すシマフラサー（魔除けの儀式）を行う。[4]

この〈例話34〉は祭祀を復活するという主題も失われ、村を襲う大男も神の化身というより化け物的である。ここには村人を救い出すくだりもなく、単なる化け物退治譚になっているが、それでも英雄が複数であるところ、木に縛り付けた大男が血を流して逃げた跡を追いかけるところに注目したい。

ここで見た来間島の〈例話32〉は、「力太郎」のような昔話ではなく、村の重要な祭祀の由来を説くとともに、村の起源を説く神聖な伝説になっている。この伝承は一九八〇年代から多くの研究者の注目を集め、たとえば沖縄の昔話の採集に大きな功績をあげた遠藤庄治（一九三四〜二〇〇六）は、この伝承を「沖縄の祭式を支える人々の意識が、きわめて鮮明に示されている」として、卵生のモチーフや神が牛の形態で現れることなど、個々の挿話やモチーフを宮古群島の民俗や祭儀から説明している。[5]

一方、日本の「力太郎」の源流を求め、中国大陸に伝わる「マッサン」を見たわれわれにとって、この琉球諸島の僻遠に伝わる伝承が「マッサン」に近いということは明らかであろう。しかもその伝承は、琉球諸島のみならず、日本本土にも広く伝わっていたのである。

2．祭祀を要求する神

山神講の由来

『日本昔話集成』を著した関敬吾は、のちにこれを改訂した『日本昔話大成』の中で、本格昔話の「新話型」として新たに四十六のタイプを加えている。これらは『集成』以降に採集された昔話から、関が新たに見出し、新しいタイプと認定した昔話である。

その一つに「山神講由来（「本格新話型一C」）」という話がある。[6] これは関自身が郷里の長崎県島原地方で採録した二例に、鹿児島県甑《こしき》島の一例を加えて新たに立てたタイプで、次のようなものである。

①神への祭祀をやめてしまった村がある。
②怒った神が化け物になって村を襲う。
③そこへ英雄が現れて化け物を懲らしめる。
④化け物の姿をした神が、祭祀が途絶えたために村を襲ったと言ったので、村では再び祭

祀を行うようになった。

『日本昔話大成』では挙げられていないが、先に紹介した来間島の伝承は、明らかにこのタイプの一例である。ここでは『大成』に挙げられている鹿児島県の甑島に伝わる例をみよう。

〈例話35〉

蘭牟田《いむた》の一斗飯食いが、長濱の二斗飯食いを訪ねて行く。二人は青瀬の白墓というところで一人の男に会い、三人で手打へ遊びに行く。牛垣と言うところへ行くと、一軒の家に女がいて泣いている。毎日夜明けに一人ずつ何者かにさらわれて行くが、いよいよ自分の番になったという。三人は鎖を作り、夜になると女の家の前の三本のセンダンの木に登って待ちかまえる。夜明けに鬼のようなものがやって来たので、三人は鎖でセンダンの木に縛り付ける。夜が明けてみると、木は根こそぎ持って行かれている。片の浦の穴の傍に木があり、そこに白髪の爺さんがいて、自分は山の神で、手打の人は山祭りをしないのでこれから山祭りをせよ、村人は穴の中にいるという。手打の村では山神講を特に盛んにするようになる。[7]

全体の枠組みは、神の怒りに触れて山神講の祭祀を復活させた話だが、三人の英雄、神にさらわれる村人、化け物との戦いと追跡、山神の告白、連れ去られた村人の解放と祭祀の復活など、骨子は来間島の伝説とまったく同じである。

次に関敬吾が採録した長崎県島原地方の類話を見てみよう。

〈例話36〉

地蔵様に供え物をしなくなったため、村人が一晩に一人ずついなくなる。最後の一人になった男の家に来た旅人が、現れた化け物を斬りつける。翌朝、血の跡をたどると地蔵様のところの穴に消えている。その中に村人達が蒼白になってうじゃうじゃしている。地蔵に問うと、近頃お供えをしない罰だという。今まで通りお供えをすると言って許してもらう。[8]

かなり崩れているが、祭祀の復活という主題は生きている。「山神講由来」は、このように様々な土地の神と結びつき、中断された祭祀を再び執り行うに至った由来を説く伝承として、広い範囲にわたって展開していたのである。ここでは来間島の伝説を含め、このような物語を関の命名に従い「山神講由来」と呼んでおきたい。

この「山神講由来」に注目したのが、国文学者で昔話の研究者である福田晃（一九三二〜二〇二二）である。福田はこの物語を「悪神祭祀譚」と名づけ、このような話が来間島の豊年祭の伝承の他にも、奄美群島の徳之島から九州各地、さらには鳥取県にまで広く伝わっていることを明らかにした。[9] 福田が本州の例として紹介した鳥取県日野郡日野町の話は、次のようである。

〈例話37〉

兄弟三人が学校に行かないので、家を追い出される。夜になったので一軒の家に泊めてもらう。家にいた小母さんが、化け物が家の者を毎晩連れ去り、今夜は自分の番だという。兄弟は自分たちは弓が上手なので退治してやろうという。やがて光る物が入ってきたので一斉に弓を射たが、一番大きい小学校四年生の兄が連れ去られる。次の晩も待ち受けていると、一年生の二番目の兄が連れ去られる。次の晩、五つになる弟が一人で待ち、化け物に弓を射ると、化け物はキャァと言って逃げる。夜が明けたので、弟が血の跡を追ってゆくと、破れた堂の仏さんのふたえぐちから血が出ている。拝んでみたら、仏さんを粗末にするから、線香を立ててもらいとうて、みんなを取ったという。袂《たもと》を開けてみると、取られた者、兄さん二人もいた。仏さんも大事にしないといけない。[10]

学校に行かないからと追い出されたり、兄弟を小学生とするなど、明らかに聞き手になぞらえて語ったような話だが、弱い兄、末の弟による化け物の撃退、血の跡の追跡、取られた人など、重要な要素はみなそろっている。

カナデコ八郎

このようにしてみると、「山神講由来」は「力太郎」とは違い、沖縄、九州、中国地方と、西日本中心に分布しているようである。しかしこの話は、「力太郎」の本拠地というべき東北地方にもまとまった類話があった。山形県飽海《あくみ》郡に伝わる「カナデコ八郎」がそれである。

〈例話38〉

カナデコ（鉄棒）を振り回すほど力が強いので、「カナデコ八郎」と呼ばれる豪傑がいる。悪者退治に出かけると、お寺の鐘を拳骨で撞いている男がいて「岩張ガンケツ」と名乗る。いっしょに悪者退治に行こうと誘い、二人で旅をする。また行くと、三間梯子《さんげんはしご》に山のような荷を載せて担いでゆく男がいて、「八間土俵」と名乗る。この男もいっしょに行くことにする。

ある村で夜になったので泊まろうとするが誰もいない。婆さまが一人いて、村人はみな化け物に食われたという。三人は自分たちが化け物退治をしてやろうといって待ち構える。

夜中になると、大きな音がして化け物が現れる。化け物は、カナデコ八郎の鉄棒に当たって血を流しながら逃げて行く。翌日、三人が血の跡をたどってゆくと、お宮の板場の下に入っていった跡がある。入ってゆくと何人かの人がいて、化け物にさらわれてきたという。化け物は奥の方で苦しんでいるという。

三人が奥に入ると、化け物は俺の話をきいてくれという。化け物がいうに、自分はお宮の神様だが、この村人は不信心で、お宮が雨や雪にさらされているのに修繕もしない。それで腹が立って村人をさらったという。

三人は村人に向かって、お宮を修繕するようにいう。村人はお宮を修復し、三人にはぜひお宮の太夫《たゆう》（神主）になってほしいという。だが三人は俺たちは人助けの旅に出るといって、褒美をもらって別の村へ行く。[11]

これは「山神講由来」が日本全域に及んでいたことを示す重要な話である。主人公のカナ

地図８　「山神講由来」の分布
（▲は参考例）

デコ八郎は異常誕生児ではないが、化け物の撃退までは完全な「力太郎」である。これを「力太郎」の類話とみても、岩手県以外では珍しく整った話になっている。ただこの話は「力太郎」のように化け物退治で終わらず、そこから化け物の追跡、村人の救助、そして化け物はじつはお宮の神様で、お宮の修繕もしてくれないので村人をさらったと述べていることからみても、まったく「山神講由来」の一例である。また岩手県上閉伊《かみへい》郡にもこれと同様の話があり、そこでは神は大蛇になっている。[12]

いずれにしてもこの話は、琉球諸島から九州、鳥取、さらには東北地方にまで、日本に広く伝わっていた。東北の「カナデコ八郎」〈例話38〉を見ると、一人で隠れていた老婆が三人に村の事情を説明したり、三人がお宮の中に入ってゆくとさらわれた人がいて、化け物が奥で苦しんでいることを伝えたりすることになっている。このようなくだりは、先に見た来間島の伝承にもあったものである。日本列島の南と北の端に、古い伝承が残ったのかもしれない。

いま、来間島の祭祀由来伝説から山形の「カナデコ八郎」まで、日本に広く伝わる「山神講由来」のいくつかの例を見た。「マッサン」を知ったうえでこの話を見ると、その「祭祀復活」という主題はあくまでも外枠にすぎない。やはりこの話の中心は、化け物を追って異界へ行った英雄が、さらわれていた人々を救い出したという、英雄の活躍にあるものだろう。

そのことを明らかにするために「山神講由来」を「マッサン」と比較してみなければならないが、その前に「力太郎」との関係を押さえておきたい。

3.「山神講由来」と「力太郎」

化け物の追跡

「山神講由来」からその外枠である「祭祀由来」の部分をはずしてみると、少なくとも前半は「力太郎」そのままである。来間島〈例話32〉では三人兄弟は大食のために追い出されるが、甑島〈例話35〉の主人公も大飯食らいであった。

「力太郎」に現れる「不思議な仲間」は、「山神講由来」にも見えている。伊良部島〈例話33〉の「俵持者」や、甑島〈例話35〉の「藺牟田の一斗飯食い」「長濱の二斗飯食い」「青瀬の白墓にいた男」、さらには「カナデコ八郎」〈例話38〉の「岩張ガンケツ」「八間土俵」などがそれにあたる。「山神講由来」は、明らかに「力太郎」とつながっていた。

「力太郎」と「山神講由来」が無関係でないとすると、今まで「力太郎」の周辺の類話とされながら、位置づけが難しかった福井県勝山市の「太郎次郎三郎」〈例話11〉の意味が明らかになる。桃と梨と柿から生まれた太郎、次郎、三郎の兄弟が、化け物を取り押さえてからのくだり――。

〈例話11続き〉

三人は化け物を取り押さえ、柿の木にくくり付ける。翌朝、化け物は縄を切って逃げていたので、血の跡を追うと池に入った形跡があり、そこには娘の父母の骨が落ちていた。[13]

これは「桃太郎異譚」〈例話10〉と共に、関敬吾が「桃太郎」の古い形として注目した伝承だが、[14]ここで注意すべきは、（木に縛り付けられていた）化け物が血を流して逃げるという説き方である。これは宮古群島に伝わる類話〈例話32・33・34〉のみならず、先に紹介した長崎・鳥取の類話〈例話36・37〉、さらに山形の「カナデコ八郎」〈例話38〉にも見えるものである。このような血の跡を追う趣向をもった「力太郎」は、宮城県本吉郡の「つえもん（知恵門）」〈例話12〉にもあり、[15]そこには個々の話者の表現の類似という以上の意味があったように思われる。

さらわれた村人

「山神講由来」では、村人は化け物にさらわれ、彼らは英雄によって解放されたという。来間島の〈例話32〉には、神にさらわれた村人は目にハンダを入れられていたという興味深い表現がある。長崎の〈例話36〉では、村人達は穴の中で蒼白になってうじゃうじゃしていたという。山形の「カナデコ八郎」〈例話38〉でも、お宮さんの板場の下に村人が入っていたという。何か村人が化け物（神）に囚われていたことが重要であったようである。「山神講由来」に現れる化け物の正体は、村人が祀ってきた神であった。このため神が村人を取って食うわけにはいかない。さらわれた村人がみな生きていて、やがて英雄によって解放されるというのは、そのためであろう。

そのように考えてみると、東北地方の「力太郎」においても、化け物が食った村人を吐き出す類話があることが気になる。第一章で紹介したように、岩手県二戸の「大食太郎《おおまぐら》」では、主人公の大食太郎は化け物に呑み込まれた町の人々を化け物の鼻の孔から出させる。そして遠野市の「かものこ太郎」では、かものこ太郎が化け物の腹を割くと、食われた人々がみな出てくるのである。さらわれた人々が救出されるというところに、何か重要な意味があったのかもしれない。

いずれにしても、異常誕生をした英雄が複数の仲間を連れて化け物を撃退し、血の跡を追って化け物の住処まで追いかけ、そこに囚われていた人を解放するという物語――「マッサン」に近い話――が、日本にもあったことは間違いない。

このような伝承のうち、東北地方では化け物を退治して長者の聟になるという前半部分が独立して「力太郎」になり、琉球諸島から九州・山陰では、祭祀由来譚という外枠を得て、「山神講由来」になったのであろう。そしてこの二つの伝承圏の間にある北陸の「太郎次郎三郎」〈例話11〉では、化け物を追いかける部分だけが痕跡的に残ったのではないか。そのように考えてみると、「力太郎」、「太郎次郎三郎」、「山神講由来」のつながりが全体として理解できるのである。そして来間島の〈例話32〉は、その中で最も原型的な形を留めるものであった。[16]

4．中国の類話との比較

「山神講由来」と「マッサン」

それではいよいよ、「山神講由来」と「マッサン」について、主要な部分ごとに比較してみよう。

（1）主人公

中国西北部の「マッサン」では、主人公は馬の生んだ子であり、中国西南部では爺婆の身体の一部から生まれた子であった。一方、「山神講由来」には異類婚の要素はなく、主人公の異常誕生を説く例も少ない。わずかに来間島の〈例話32〉が、主人公は三つの卵から生まれたとしているだけである。この卵生という要素については、岩手県〈例話5〉や新潟県〈例話4〉の「雉の子太郎」が、卵から生まれているのと一致する。[17] しかし宮古群島には他にも卵生伝承があって、[18] 来間島における卵生の要素は、今のところ宮古群島在来の伝承から生まれたと考えるべきであろう。

（2）不思議な仲間

「マッサン」と「力太郎」との最大の共通点は、家を出て旅をする主人公の前に出現する「不思議な仲間」たちである。甑島の〈例話35〉では、大食・怪力の男が仲間に加わる。山形の〈例話38〉では明らかに「不思議な仲間」が出現するが、「山神講由来」では総じて仲間に不思議な要素は少ない。この点について言えば、「山神講由来」よりも「力太郎」の方が「マッサン」に近いといえよう。

（3）妻の獲得

「マッサン」では、主人公とその仲間は、鳥になって現れる娘を捕らえて妻にする。しかし「山神講由来」には「力太郎」同様、このくだりは見えない。

（4）化け物

「マッサン」では化け物は妻たちの血を吸いにやって来、その正体は多頭の化け物であることが多い。一方、「山神講由来」では、村人をさらいに来る化け物は一定ではないが、来間島では神が牛の姿で現れるのは、注目すべきことである。チベットやモンゴルの『屍鬼物語』でも、主人公が二度目に退治する化け物は牛（ヤク）の姿をとっているからである。

（5）弱い仲間

「マッサン」では主人公を助けるべき仲間は臆病で化け物退治には役に立たず、あげくに主人公を裏切る。「山神講由来」では「力太郎」同様、仲間（兄弟）は主人公を裏切ることはないが、目立たない存在であることは共通している。

（6）化け物の逃走と追跡

「マッサン」では主人公は化け物を撃退した後、血を流しながら逃げる化け物の後を追い、一人で洞窟の中に入ることになる。化け物が縛り付けられていた木ごと引き抜いて逃げたという例も少なくない。「山神講由来」でも同じように、主人公は化け物の血の跡を追って異界に行く。しかも〈例話33・34・35〉などでは、いったん木に縛り付けられた化け物（神）は、翌朝には木を引き抜いて逃げていたというのである。

（7）異界訪問と化け物退治

「マッサン」では主人公は仲間と共に傷ついた化け物を追い、主人公だけが深い穴の中に入る。「山神講由来」でも、主人公は傷ついた神を追いかけてその住処を訪れる。

ここで興味深いのが、本章の冒頭に挙げた来間島の〈例話32〉である。そこでは三人兄弟が逃げた牛のあとを追いかけたところ、三男だけが海の底にきれいな女がいるのを見、三男が海の底へ降りて行く。この海中訪問は離島という地理的条件によるものとしても、兄弟のうち一人だけが異界に行くのは、「マッサン」と同じである。化け物を降参させたのは長男で、話の流れとしては長男が海中を訪れる方が自然だが、〈例話32〉が三男だけが海中を訪れることになっているのは、この伝承が三男の子孫によって語り伝えられてきたからであろう。

「マッサン」では、主人公が化け物を追いかけるのは、必ずしもさらわれた娘や妻を救出するためではない。しかし第三章で紹介したユーグ（裕固）族の話〈例話17〉のように、妻の救出を説く場合もあった。一方、来間島の〈例話32〉では、主人公は異界で神にさらわれた娘と出会い、やがてこの娘と結婚することになっている。

ここで注目すべきは、〈例話33〉で、異界で出会う娘が神（化け物の正体）の娘になっていることである。娘は異界を訪れた主人公に、父が苦しんでいることを告げる。主人公が家に入ってみると化け物（神）が寝ており、縄を抜いて欲しいと懇願するので抜いてやる。この話は明らかに日向神話の「海幸・山幸」に見える「失くした釣り針」の類話で、しかも人間に傷つけられた動物は傷つけた当人だけが治療できる（だから治療のために連れてくるわけである）という古風な観念がうかがえる[19]。

ここで想起すべきは、「マッサン」のいくつかの例に見える、異界に下りた主人公が化け物の従者に化け、化け物を介抱するとみせてとどめを刺すというくだりである。チベットやモンゴルの『屍鬼物語』でも、主人公は牛の化け物をこのようにして殺している。

つまり〈例話33〉にいう、化け物（神）を追って異界を訪れた主人公が、医者として猟具（この場合は縄）を抜いて神を治療するのは、「マッサン」にいう偽医者として化け物に近づき、猟具を深く刺して化け物を殺すことの裏返しなのである[20]。

（8）異界からの脱出と報復

「マッサン」では、異界に取り残された主人公は、鳥などの援助によって脱出し、裏切った仲間に報復する。「力太郎」のみならず「山神講由来」でも、残念ながらこの部分にまで説き及ぶ類話はない。

（9）さらわれた村人

「山神講由来」では、神は村人をさらい閉じ込めていたが、これを英雄が解放したということが重要な意味をもっていたようである。「マッサン」では化け物にさらわれた村人を英雄が解放するという結末は一般的ではないが、カザフ族の〈例話20〉では、塔に閉じ込められて骨と皮だけになっていた人々を主人公が救い出す。次に紹介する話も、この部分を説く例である。

ミャオ族の蚩尤《しゆう》伝承

「山神講由来」との比較事例として、重要な話をあげておこう。貴州省関嶺布依族苗族自治県のミャオ（苗）族の伝承である。これはミャオ族の英雄蚩尤にまつわる長い叙事詩の冒頭の部分である。

〈例話39〉

ミャオ族の英雄蚩尤は、故郷を離れて修行していたが十八のときに故郷に帰る。途中で二人の同郷の若者と出会い、二人を兄とする。

三人が故郷に帰ると、そこは荒れ果てていて誰もいない。牛皮の鼓から音がするので中を見ると、やせ衰えた三人の娘がいる。聞くと、三年前に妖婆が現れ、村人を連れ去った。それ以来自分たちは、妖婆が現れるたびに鼓の中に隠れていたという。

蚩尤と兄は妖婆を退治しようと待ち受ける。やがて現れた妖婆は、二人の兄の顔に唾を吹きかけてたおすが、蚩尤は宝剣で妖婆の頭を切り落とす。妖婆は切り落とされた頭を拾うと、切り口に唾をつけて元通りにし逃げ出す。蚩尤は逃げる妖婆の跡を追う。妖婆はある洞窟に逃げ込む。蚩尤は洞窟の中で妖婆が「今日は銅剣だったので助かったが、薬をしみこませたヌルデの木の剣だったら命がなかった」と子どもたちに話しているのを聞く。村に帰った蚩尤は、さっそく兄たちと薬をしみこませたヌルデの木の剣を用意して妖婆を待つ。

現れた妖婆は再び唾を吹きつけて二人の兄をたおすが、蚩尤は剣で妖婆の身体を両断して殺す。兄弟は村人を探すために妖婆の洞窟に向かう。洞の中には累々と死体があり、妖婆の子どもたちは、死体の耳に竹の管を挿して息を吹き入れ、死体を蘇らせては、その血を吸っている。蚩尤たちは竹管を使って村人を蘇らせ、彼らを連れ帰る。[21]

英雄が二人の仲間を連れ、化け物を退治をする話である。二人の仲間には不思議な要素はないが、そろって役に立たないところは「マッサン」と同じである。この話は主人公が深い穴に下りるくだりや仲間の裏切りがなく「マッサン」の類話というには不十分だが、「山神講由来」とくに来間島の〈例話32〉の比較事例としては、注目すべき類似点が二つある。

一つは、兄弟が無人の村を訪れた際、牛皮の鼓の中に隠れていた娘が事情を説明するというくだりである。これは来間島の〈例話32〉で、三人兄弟が来間島にやってきた時に、鍋をかぶって隠れていた老婆が出てきて説明するくだりと一致している。

次いで興味深いのは、閉じ込められた村人の状況である。ここでは村人の死体を集めておき、必要に応じて竹管で死体を蘇生させては血を吸っていたという。チベット自治区のロッパ（珞巴）族の類話では、さらわれた村人は年齢別に八つの倉庫に入れられていた。[22]

日本でも〈例話32〉では、村人は目にハンダを入れられて捕らわれていたという。偶然の一致かもしれないが、捕らえた村人が逃げないように何らかの処置を施しておくというところが共通しているのである。これは今後の事例の増加を俟《ま》ちたい。

要するに「山神講由来」（特に来間島の〈例話32〉）と「マッサン」との間には、次のような一致がある。それは「主人公の異常誕生」・「主人公の旅立ち」・「三人の仲間」・「化け物」・「弱い仲間」・「主人公が一人で化け物を撃退」・「血を流しながら逃げる化け物」・「主人公が化け物を追跡」・「さらわれた娘との出会い」である。そこに特殊な一致として、「村人の解放」も加えることができるかもしれない。さらに〈例話33〉では、主人公は傷つけた神の傷を治しているが、これは「マッサン」にみえる偽医者の趣向（つまり傷を治すとみせて殺す）の裏返しである。

いずれにしても、「山神講由来」と「マッサン」とのあいだに歴史的な関係があることを疑うことはできないであろう。おそらく日本にもまとまった形の「マッサン」が伝わっていた時代があり、それが東日本では「力太郎」という昔話になり、西日本では「山神講由来」という伝説になったのである。

注

［1］上地正吉［述］「来間島村建（するだて）由来」、沖縄民話の会編集委員会［編］『沖縄民話の会会報』第3号　沖縄民話の会　一九七七年　二〇〜三一頁

［2］遠藤庄治「沖縄伝承話の天と地」第二十三回日本口承文芸学会　講演資料　一九九九年　五六〜五九頁

［3］遠藤庄治［編］『いらぶの民話』伊良部町　一九八八年　三六六〜三六七頁。なお、同一話者が同じ話を別に語った記録もある。ほぼ同じだが小異がある。宮古民話の会［編］『ゆがたい　4集』宮古民話の会　一九八四年　六七〜六八頁

［4］宮古民話の会［編］『ゆがたい　4集』宮古民話の会　一九八四年　七〇〜七一頁

［5］遠藤庄治「琉球の宗教儀礼と日本神話」、「講座日本の神話」編集部［編］『日本神話と琉球』有精堂　一九七七年　一二三〜一四六頁

[6] 関敬吾『日本昔話大成7』「本格新話型一C」角川書店　一九七九年　二二一～二二三頁
[7] 岩倉市郎『甑島昔話集』三省堂　一九四四年　一三七～一三八頁
[8] 関敬吾『島原半島昔話集』三省堂　一九四二年　九三～九四頁
[9] 福田晃「悪神祭祀譚の伝承」［一九八一］、『南島説話の研究』法政大学出版局　一九九二年　三一七～三四七頁
[10] 同書、三二九～三三一頁。『鳥取・日野地方昔話集』を引く。
[11] 野村純一・新田壽弘［編］『池田鉄恵嫗昔話集』荻野書房　一九八三年一七九～一八五頁
[12] 稲田浩二・小澤俊夫［編］『日本昔話通観　第三巻　岩手』同朋舎出版　一九八五年　三二八頁。我満四五吉『上閉伊むかしこ集』（一九六一年　自刊）を引く。
[13] 杉原丈夫『越前の民話』福井県郷土誌懇談会一九六六年　一七～一九頁
[14] 関敬吾「桃太郎の郷土」『澤田四郎作博士記念文集』澤田四郎作先生を偲ぶ会　一九七二年　二八〇頁
[15] 佐々木徳夫『むがす、むがす、あっとごぬ、第一集』未來社一九七八年　三二五～三二九頁
[16] 小島瓔禮は、この伝承は伝来上の格が高いように感じられるという。小島瓔禮「来間島の古伝史」、『比較民俗学会報』第四二巻第一・二合併号　比較民俗学会　二〇二二年　八頁
[17] 高橋貞子［編］『まわりまわりのめんどすこ　続・岩泉の昔ばなし』熊谷印刷出版部　一九七八年　一〇七～一一五頁。水澤謙一［編］『いきがポーンとさけた』未來社　一九五八年　二五三～二五六頁
[18] 遠藤、前掲論文　一九七七年　一四一～一四三頁

［19］斧原孝守「東アジアの『失くした釣針』―『海幸山幸』神話の類話の展開とその基盤―」、篠田知和基［編］『分身の神話・その他』比較神話学研究組織　二〇一八年　七三～七五頁。日向神話では、兄の釣り針は魚に刺さっていたことになっている。しかし中国南部の伝承では竜王が釣り針にかかり、娘の竜女が父の口から釣り針を抜いてもらうために、釣りをした男を竜宮に迎えることになっている。この〈例話33〉は、「失くした釣り針」の類話でもある。

［20］小島瓔禮「中国大陸の失くした釣り針（1）」『比較民俗学会報』第九巻第六号　比較民俗学会　一九八八年　三頁

［21］潘定衡・楊朝文［主編］『蚩尤的伝説』貴州民族出版社　一九八九年　一～一六頁

［22］冀文正『珞巴族民間故事』四川民族出版社　二〇一一年　四四～五六頁

第六章　ユーラシアを覆う巨大伝承

1．「三人のさらわれた姫」

「マッサン」の背景

岩手にはじまり、東北地方、北陸から中国・四国地方、そして中国大陸西北部から西南部、さらには琉球諸島と徐々に比較の輪を広げながら、「力太郎」の足跡を追い求めてきた。いよいよ本章では、その輪をさらにユーラシア大陸の全域にまで広げてみたい。もとよりそれは私の力の及ぶ範囲を越えているが、あえて対象を広げるのは、「力太郎」の比較という問題が、最終的にはユーラシア全域に及ぶという見通しを述べておきたいためである。

すでに述べたように、「力太郎」と関係深い「マッサン」は、中国大陸西北部から西南部の辺境部に居住する少数民族のあいだに集中的に伝わっていた。それは単に「力太郎」と類似しているというだけではない。そこには「身体の一部からの誕生」、「異常成長」、「怪力」、「大食」、「石と植物の中から現れる仲間」、「役に立たない仲間」、「血の跡の追跡」など、「力太郎」

類話群に特徴的なモチーフや要素の連鎖を見出すことができるのである。

一方、日本と地理的に近い韓国や中国（漢民族）には、意外なことに「マッサン」はほとんど知られていない。「マッサン」が日本の「力太郎」と歴史的に関係深い物語だとすれば、それは漢民族をはさんで東西に離れて分布しているということになる。あるいは漢民族居住区の周縁に分布しているといってもよいかもしれない。

実はこのような分布をもつ昔話は他にも数多くあり、それらはいずれも東アジアでは相対的に古い時代に広がった昔話だと思われる。かつて東アジアの広い範囲に流行した物語が中央部（漢民族居住区）では衰滅し、周縁の辺境地帯に古い伝承が残ったものであろう。中央部で伝承が衰滅するのは、そこが新しい物語を次々と生み出す流行の中心地であると同時に、異民族の侵入や王朝の興亡など、政治的変動が激しかったからである。

それでは「マッサン」は、中国大陸の中心部で生まれ、周辺に広がった物語なのだろうか。たしかに「マッサン」と「力太郎」の分布は、それらがかつて中国大陸に広く流布していたことを示している。しかしそのことは、「マッサン」が必ずしも中国大陸で誕生したことを意味するものではない。「マッサン」の類話は、じつは東アジアのみならず、ユーラシア大陸に広く展開しており、それはとうてい東アジアだけで完結するようなものではないのである。

そもそも昔話というものは、驚くほど広い範囲に伝わるものである。昔話の中には、例えば「シンデレラ」のように、ユーラシア、いや世界全域をおおい尽くすほど広域に広がる話がある。このような「巨大伝承」は、複数の枝に分かれながら、太い枝からさらに細い枝を伸ばし、また他の昔話とも複合しつつ、さながら巨大な蔓草のようにユーラシア大陸をおおっている。「マッサン」は、このような巨大な伝承から分かれた一つの枝に他ならない。

三人のさらわれた姫

では「マッサン」の大元《おおもと》にあたる巨大伝承とは何か。

それは世界的な広がりをもつ「三人のさらわれた姫」（ATU三〇一）という昔話である。いま、アールネとトンプソンによる類型索引を、ドイツのウターが改訂した『国際昔話話型カタログ』によって、この昔話の形式をあげてみよう。これは世界中の類話に見えるモチーフを反映させているために煩雑になっているが、この物語が（1）（2）（3）という導入部の違いによって、大きく三つのサブタイプに分かれることが分かるだろう。後半の主部はだいたい同じである。

導入部のエピソード：
（1）王が三人の娘を地下世界に追放する（王の三人の娘が怪物たちによって地下世界へと誘拐される）。三人兄弟が（超自然的主人公が並外れた才能をもった仲間といっしょに）娘たちを見つけに行く。
（2）怪物（竜、蛇、等）が王の庭から黄金のリンゴを盗む。三人兄弟（王子）が待ち伏せする。末の弟だけが怪物に傷を負わせることができる。兄弟たちは、怪物の血の跡をつける。
（3）魔法的誕生の子ども（熊の息子、または馬の息子、涙から生まれた子ども）が、並外れた力をもった若者になる。若者は冒険（運）を求めて旅に出る。そして並外れた力をもった二人の道連れと仲間になる。若者たちが食事の準備をすると、小さな男（こびと、悪魔、巨人）に二度邪魔される（こびとが彼らの食事を食べ、料理した者をさんざん殴る）。主人公だけが、こびとを捕まえて罰することができる。するとこびとは彼らに地下世界への入り口を教える。

主部：
一行（兄弟たち）は、井戸（縦穴、洞窟）に来て、主人公（末の弟）を中へ下ろす。主人公は（姫の助けで、武器を使って、自分の力だけで、魔法の手段で）怪物（竜、悪魔）を打ち負かし、（三人の）姫を救う（姫たちは主人公に贈り物をする）。不実な仲間たちは、姫たちを引き上げるが、主人公を下に残す（ロープを切る、籠をひっくり返す）。彼らは、自分たちが姫たちの救済者であると姫たちに言わせる。

精霊が主人公に飛ぶ力を授けて助けてくれて（主人公が自分の肉を与えた鳥の助けで、主人公は自分が植えたつるを登り、等）、主人公は地上の世界に戻る。姫たちは結婚式を（一年間）遅らせる。結婚式の日に、主人公は城にやってきて投獄される。しかし真実が明るみに出て（主人公が贈り物を見せると、姫たちは主人公のことがわかり）、ペテン師たちは罰せられる（追放される、殺される）。主人公は末の娘と結婚し、王になる。[1]

本書で「マッサン」と名づけた物語が、エピソード（3）から始まるタイプに該当することは明らかであろう。「力太郎」は「マッサン」の前半部分、つまりエピソード（3）の部分が一つの昔話として独立したものである。

かつてアールネとトンプソンによる類型分類（AT）では、エピソード（3）から始まるタイプは「AT三〇一B」と呼ばれていた。ついでながらエピソード（1）から始まるタイプが「AT三〇一A」である。改訂にあたって、ウターはこれらを「三〇一」に統合したが（ATU三〇一）、そうなるとわれわれがここで問題にする、エピソード（3）から始まるタイプだけを指す名称がなくなってしまう。それでは不便なので、ここでは古い類型番号の「A

T三〇一B」を用いておくことにしよう。[2]

ところで「三人のさらわれた姫」（ATU三〇一）は、世界的には（1）から始まるタイプ、すなわち「AT三〇一A」の方が有力である。ここで少し「AT三〇一A」の展開についても見ておこう。

「地面の下に住む一寸法師」

このタイプの最も有名な例は、『グリム童話集』の「地面の下に住む一寸法師」である。

〈例話40〉

三人の娘をもつ王がいた。王は庭の木を大切にしており、その実を摘んだ者はだれでも地面の下にもぐってしまうようにまじないをかける。

ある日、末の姫が木の実をもいで二人の姉といっしょに食べたところ、三人は地面の下に沈んでしまった。姫が消えたので王は国中にお触れを出し、姫を連れ戻した者には姫を嫁にやるという。

三人の猟師が姫を探しに行く。誰もいない御殿にたどりついて、そこで暮らす。一人が留守番をし、あとの二人が姫を探しに行く。一番年上の猟師が留守番していると一寸法師がやって来て猟師にパンを拾わせ、そのすきに殴りつける。二番目の猟師も同じ目にあう。

一番若い猟師の番になる。若い猟師は一寸法師を捕まえてひっぱたく。一寸法師は若い猟師に姫たちのいる井戸の場所と姫を助け出す方法を教えてくれただけでなく、相棒の猟師たちが悪意をもっていることを伝える。

三人の猟師は井戸に向かう。年上の猟師とその次の猟師が、順に籠に入って井戸に降りようとするが、怖くなって途中で引き返す。

若い猟師が一人で井戸に降り、一寸法師が教えた通りに竜を殺し、姫を助け出す。若い猟師は籠の中に姫を入れ、相棒の猟師たちに引き上げてもらう。自分の番になったとき、一寸法師のことばを思い出して、籠に石を入れて引き上げてもらうと、相棒は綱を切って籠を落とし、若い猟師を殺したと思う。

地下に取り残された猟師が壁にかかっていた笛を吹くとたくさんの小人が現れ、猟師を地上に引き上げてくれる。猟師が王の御殿に行くと、一人の姫の婚礼の最中である。猟師は牢屋に入れられるが、姫たちから真実を聞いた王は二人の年上の猟師たちを死刑にし、若い猟師と末の姫とを結婚させる。[3]

冒頭の部分は「マッサン」とはまったく異なるが、後半部分を見ると「マッサン」との類似は明らかであろう。三人の猟師が順番に留守番をしていると化け物が現れて殴りつけられ、主人公だけが化け物を撃退するというくだりなどは、チベットの『屍鬼物語』や雲南省の類話にも見えるものである。「AT三〇一A」と「AT三〇一B」は、完全に分離しうるようなものではなく、話によっては相互にモチーフが動くことも少なくない。

「ATU三〇一」の主部、つまり仲間に裏切られて穴の中に置き去りにされた主人公が、援助者によって穴から脱出し仲間に報復する、というくだりはよほど好まれたものとみえ、世界中に広がっている。

中国のAT三〇一A

先に「マッサン」（AT三〇一B）は、漢民族にはほとんど伝わっていないと述べた。しかしエピソード（1）から始まる「AT三〇一A」は、中国では漢民族をはじめ少数民族にも広く伝わり、韓国でも「地下国の怪盗」（KT二八四）という有名な話になっている。[4] ここで中国の「AT三〇一A」についても述べておこう。

中国では東晋（三一七〜四二〇）に成立したとされる干宝『捜神記』に、不完全ながら「AT三〇一A」の類話が見える。鄱陽県（江西省）の西にある望夫岡にちなむ伝説である。

〈例話41〉

むかし陳明という男がいた。彼は梅氏という娘と婚約したが、妖怪が婿の家から迎えに来たと騙し、梅氏をさらって行く。陳明が易者に占ってもらうと、西北に八里行ったところで探すように言われる。そこを探すと底知れないほど深い穴があった。陳明が身体に縄を結んで穴に降りたところ、はたして梅氏がいたのでまず彼女を助け出す。ところが陳明が連れてきた隣の秦文という男は、陳明を引き上げてやらなかった。梅氏は操を立てることを誓い、この岡に登って陳明を待ち続けたため、望夫岡と名づけられた。[5]

化け物にさらわれた娘を許婚の若者が探し、深い穴の中に入って助け出すが、同行した男に裏切られて穴の中に取り残されるという話である。ここでは助け出された梅氏が操をたてて陳明を待ち続けたという伝説になっているが、その下地に「AT三〇一A」があることは間違いあるまい。その後、中国の文献には完全な類話の存在を示す資料はないが、[6]昔話としては全土に広く流布している。

「AT三〇一A」は本書の主題からははずれるが、中国江蘇省には「力太郎」を考える上で看過できない話が伝わっている。

〈例話42〉

ある豆腐屋が迷子の男の子を自分の子として育てる。子どもはいつも腹をすかせていたので、好きなだけ食べさせると、一斗二升の米、一担（約五十キロ）の野菜を食べる。やがて弟が生まれる。兄は柴刈りの斧を作ってほしいと願う。父親が斧を一丁買ってやるが、軽すぎるので八十斤の斧を買ってほしいという。兄はその斧を振るって、山から薪を切って運ぶ。ある店の旦那が兄が運んでくる薪が沈香であることを知り、中庭に積んだ薪を高く買い上げてくれたので、一家は豊かになる。

皇帝の娘が化け物にさらわれたので、探すよう御触書が出る。弟が御触書をはがしてくる。御触書をはがすと、やりとげられない場合は殺されることになっていた。兄は柴刈りをしていた場所で、何者かが血を流して飛び去ったことを思い出す。そこへ行くと深い穴があったので、兄は一人でその穴に降りる。中には姫がいて竜にさらわれたといい、竜を殺す方法を教えてくれる。兄は竜を殺して上にいた弟にまず姫を引き上げてもらうが、弟は姫を引き上げると縄を落として穴をふさぎ、姫を連れて都へ帰る。兄は穴の底で東海竜王の使いを助け、その助力で穴の外へ出る。兄は都に行って弟の悪だくみを暴き、姫と結婚する。[7]

「AT三〇一A」は、主人公の異常誕生と不思議な仲間との出会いを説かない。したがって、この話でも異常誕生と不思議な仲間と出会うくだりはないのだが、ここで注目すべきは主人公の異常な大食と怪力を述べている点である。さらに親に頼んで重い斧を買ってもらうのは「力太郎」に近く、山から大量の薪を運んでくるのは「山行き型・桃太郎」を思わせる。中国沿海部にも、「力太郎」と似た話が伝わっていたのかもしれない。

2. ヨーロッパの「力太郎」

ポーランドの「力太郎」

さて、エピソード（3）から始まる「AT三〇一B」に話を戻そう。

先に見たように、「AT三〇一B」はヨーロッパにも広がっていた。「マッサン」ならびに「力太郎」を考えるうえにも興味深い例がポーランドにあるので、まずこれを紹介しよう。

〈例話43〉

一人息子が母にむかって、もう一年乳を飲ませてくれたらカシの木でも引き抜くほど強くなるという。母が毎日乳を飲ませていると、ある日、息子はカシの木を根っこごと引き抜く。

息子は広い世の中に出てゆくことにする。歩いてゆくと一人の男がいる。名を尋ねると「山くずし」だという。名を尋ねられたので息子は「カシ抜き」だと答える。二人はいっしょに旅をする。歩いてゆくと、一人の若者がいて「マッテの斧」だと名乗る。三人で旅を続けていると大木があって、木の上にワシの巣がある。巣からヒナが落ちそうなので、カシ抜きが丈夫な巣を作ってやる。

大木には大きな洞穴がある。三人は綱を作って穴の下へ降りて行く。部屋があって二人の少女が歌っている。少女たちは三人を見ると、「ここには六つ頭のドラゴンがいて、食べられてしまいますよ」という。カシ抜きは「こっちが先に食ってやる」というが、後の二人はおびえて震える。

やがてドラゴンが現れ、カエルの入った鉢を出して食べるようにいう。カシ抜きが「自分で食ってみな」というと、ドラゴンはヒキの入った鉢を持ってくる。カシ抜きが同じようにいうと、ドラゴンは六本の剣を出してくる。カシ抜きも剣を用意し、決闘が始まる。カシ抜きはドラゴンの頭を六つとも切り落とす。

カシ抜きは二人の少女と二人の仲間をまず穴から出し、最後に自分が出ようとする。ところが仲間の二人は網を引き上げカシ抜きを置き去りにする。

母ワシが飛んできてどうしたという。事情を説明するとワシは山羊を持ってきて、肉を細かく切ってくれという。ワシはカシ抜きを乗せて飛び、腹が減るたびに山羊の肉を要求する。もう少しで出口というところで肉がなくなったので、カシ抜きは自分のふくらはぎの肉を切ってワシに与える。地上に戻ると、ワシはふくらはぎの肉を吐き出して元通りにしてくれる。

歩いてゆくと二人の仲間と少女たちが座っている。カシ抜きを見ると仲間の二人はひれ伏して謝る。カシ抜きは二人を許してやり、少女の一人を妻にする。[8]

この話でことのほか興味深いのは、冒頭の部分である。

主人公は異常誕生児ではないが、大きくなるまで母乳を飲んでいた、つまり赤子のようだったが、ある日突然カシの木を引き抜くような怪力を発揮する。これは十五歳まで嬰児籠《えじこ》（赤子を入れておく籠）に入っていて口もきけない童子が、ある日突然怪力を発揮するという、岩手県二戸の「えじこ太郎」と同じである。

またこの話は、いつも寝そべっている怠け者の若者が山へ行くと木を根扱ぎにして帰ってくる「山行き型・桃太郎」とも一脈通じている。このことは、「力太郎」を構成するモチーフがいかに世界的に広い分布をもっているか、そして「力太郎」を考えるうえで、世界的な比較がいかに必要であるかということを示している。

「熊のジャン」

このタイプで最も有名な話が、フランスの「熊のジャン」である。

〈例話44〉

人間の娘をさらった牡熊が、娘と洞窟で暮らす。娘はやがて半分人間で半分熊の男の子を生む。成長した息子は、洞窟をふさいでいた岩を動かし、母を連れて祖父の家に逃げる。息子は祖父の家で畑仕事をし、ジャンと呼ばれるようになる。やがてジャンは二百キロの鉄の杖を作ってもらい、それを持って旅に出る。

ある日ジャンは、谷あいの道で石切り工と出会い、いっしょに旅をする。二人が大きな川にやって来ると、赤毛と呼ばれる渡し守がいる。赤毛もジャンの旅に加わる。

やがて三人はだれもいない城に着く。翌日、石切りが城に残って料理をし、ほかの二人は森に狩りに行く。石切りの前に怪物が現れ、石切りの腹に石を落とすと出て行く。二人が帰ってくると、石切りは石が落ちてきたという。翌日は赤毛が料理をする。怪物が現れ赤毛を便所に押し込める。赤毛は二人に便所に落ちたという。次の日はジャンが留守番をする。ジャンは怪物を杖で打ちのめし、怪物は薪のかげに逃げる。二人が帰ってきたとき、ジャンは仲間が正直に報告しなかったことをなじる。

怪物が逃げた井戸を見つけ、桶に入って穴の下に降りることにする。まず石切りが降りるが途中で上がってくる。赤毛も同様である。最後にジャンが井戸の底まで降りる。下には怪物にさらわれた二人の王女がいる。ジャンと王女たちは桶に乗って地上に引き上げられるが、一人の王女が金の冠を地下に忘れたというのでジャンが取りに戻る。そのとき二人の仲間が綱を切り、ジャンは井戸の底に落ちる。

ジャンは怪物を捕まえて地上に出る方法を聞き、ある動物の助けで地上に戻る。戻ってきたジャンを見て、裏切った仲間は逃げ、ジャンは金の王冠をもった王女と結婚する。[9]

主人公のジャンは熊が人間の娘に生ませた子、つまり異常誕生児である。これはウイグル族の「アイリ・クルバン」〈例話19〉の発端と同じである。面白いのが旅立ちにあたって主人公が重い鉄の杖を作ってもらうところで、これは岩手の「こんび太郎」が金棒を作ってもらうのとまったく同じである。先のポーランドの類話〈例話43〉では、カシの木を引き抜くことで主人公の怪力を表現したが、ここではそれが二百キロの鉄の杖になっているわけである。

主人公が旅で出会う「石切り」と「赤毛」には不思議な要素はないが、仲間の一人が石と関係深いのも「マッサン」や「力太郎」と共通している。ちなみにこの話のスペインの類話である「熊のファニート」では、二人の仲間は「松倒しの縄作り」「尻で丘ならし」という怪力の男たちになっている。[10]

また一人で留守番しているところに化け物が現れ、仲間は打ちのめされるが主人公だけが化け物を撃退するというくだりは、『グリム童話集』の「地面の下に住む一寸法師」〈例話40〉にもあったが、チベットの『屍鬼物語』や中国少数民族の「マッサン」にも見えるものである。このような細部の表現においても、ヨーロッパの類話は「マッサン」とつながっていた。

3．中央ユーラシアの「力太郎」

カザフスタンの類話

そうなってくると、ヨーロッパと東アジアをつなぐ中央アジアの状況が気になるところである。新疆ウイグル自治区の北に連なる天山山脈を越えると、カザフスタンである。カザフスタンの広大な草原地帯、カザフステップは古来、遊牧民族の天地であった。そこから西に向かうとヨーロッパまでは指呼の間である。

カザフスタンに住むテュルク系のカザフ族は、天山山脈を越えて中国国内にも居住しており、彼らの伝える「マッサン」の類話については、第三章で中国少数民族の伝える話として紹介した〈例話20〉。坂井弘紀によると、この物語とほぼ同様の話は、カザフスタンにも伝わっているという。〈例話20〉とほぼ同じ話だが、東アジアとヨーロッパをつなぐ重要な例であるので、坂井の紹介に従い、簡単に紹介しておこう。「ナンバトゥル」（ナンの勇士）という話である。

子のない夫婦がナン（パン）の生地で人形を作る。人形は本当の子どもになり、ナンバトゥル（ナンの勇士）と名付けられる。ナンバトゥルは、テミルバトゥル（鉄の勇士）とスーバトゥル（水の勇士）という二人の男と一緒に暮らす。そこに怪しい老人が現れ、留守番をしていたテミルバトゥルは老人に食糧を奪われる。翌日にはスーバトゥルも同じように老人に食糧を奪われ、三日目にナンバトゥルは老人を捕らえて木に縛りつける。ところが老人は木を引き抜いて逃げたので、ナンバトゥルは一人で老人を追って地下に入る。地下には美しい娘がいる。ナンバトゥルは老人を殺し、娘を穴の外に出す。外で待っていた二人の勇士は、綱を切ってナンバトゥルを置き去りにする。ナンバトゥルはさらわれていた人々といっしょに階段を作って穴から脱出し、二人の勇士を殺す[11]。

中国のカザフ族の物語とほとんで同じである。カザフスタンにおいても、このような物語が広く伝わっていたものであろう。特にこの「ナンバトゥル」最大の特徴というべき、ナンの生地で作った人形が命を持つというモチーフが、どのような広がりをもつものなのか、興味深い問題である。

中央シベリアの類話

ユーラシア大陸における東西交流を考える際、中央アジアのオアシス地帯や草原地帯も重要だが、その北に広がる広大なシベリアを忘れるわけにはいかない。

広大なシベリアの中央部、クラスノヤルスク地方とトムスク州をチュルイム川が流れている。その流域に住む少数民族、チュルイム族にも類話がある。消滅の危機に瀕しているというチュルイム語で、一九七一年に記録された貴重な資料である。

〈例話45〉

三人兄弟がいる。兄弟は、白鳥に変じてやって来た三人の娘を捕らえて妻にする。やがて悪魔が妻たちの血を吸いに来る。末弟が悪魔を銃で撃つと大地が割れ、妻は悪魔とともに地の底に落ちる。末弟が地下に向かう。末弟は鎖で縛られた大きな鳥とカマス（魚）を救い、悪魔に捕らわれた妻を発見する。ある老女から悪魔を退治する方法を教わり、妻とカマスの援助によって、悪魔が身体の外に隠している魂を破壊して悪魔を殺す。末弟は妻と共に地上に帰る途中、兄たちによって再び地中に落とされるが、大きな鳥に救われて地上に戻る。二人の兄のところへ行き、二人の兄を互いに弓で射させる。長兄が死に、末弟は次兄といっしょに暮らす。[12]

ここには白鳥になってやってきた娘を妻にし、その妻たちの血を悪魔が吸いにやって来るという挿話があり、明らかに中国西北部の「マッサン」につながる伝承である。シベリアでもきわめて少数の、消滅の危機に瀕する言語で語られていたというのが興味深い。この物語はシベリア中央部でも、やはり辺境の少数民族のあいだに伝わっていたのである。

ここではわずかな事例をあげるだけにとどまったが、ヨーロッパから中央アジアにかけて広がる類話の分布は、東アジアの「マッサン」とともに、「AT三〇一B」がユーラシア大陸に広く伝わっていたことを示している。今後、それぞれの地域における類話の状況が明らかになることを期待したい。

4．ユーラシア辺境に残る「力太郎」

このようにしてみると、中国の「マッサン」の類話はユーラシア中央部からヨーロッパにまで及んでいることが分かる。ここで興味深いことは、ユーラシア大陸の辺境部、しかも相互にかけ離れた地域に、中国の「マッサン」よりもいっそう日本の「力太郎」に近い話が点在しているということである。それが「序章」で簡単に紹介した、ヒマラヤのブータンとカムチャツカ半島のコリャク族、そしてピレネーのバスク人の物語である。

ブータンの「力太郎」

ここで、いま一度これらの話をもう少し詳しく紹介し、日本の「力太郎」と酷似した伝承が、どうしてユーラシア大陸の辺境部に伝わっているのかという問題について考えてみたい。

まずはブータンの「キセルの勇者」である。

〈例話46〉

むかし老いた夫婦が一人息子と暮らしていた。息子はたいへんな怠け者で、家で食べて寝ているだけだった。そこで夫婦は、何とかして息子にやる気を起こさせようと考えた。

父が木の枝に肉の入った籠を吊るすと、カラスが騒々しく飛びまわり始めたので、それを息子に調べさせた。息子が肉を見つけてきたので褒める。また茂みにバターを隠しそれを見つけさせて褒める。そんなことを何度も繰り返しては息子を褒めたので、息子は自信をもち、何か大きなことをしたいと思うようになる。

ある日、息子は両親に頼んで大きなキセルと大きな刀を作ってもらい、旅に出る。大きな石を割っている男に出会う。「石割りの勇者」というので、自分は「キセルの勇者」だという。いっしょに旅をしていると、ふくらはぎで川をせき止めている男がいる。「ふくらはぎの勇者」だという。

三人で旅を続けていると、森の中で人間の爪を揚げている老婆がいる。「石割りの勇者」が老婆に近づくと、老婆は左手で「石割りの勇者」を引っ張って左膝に組み敷いてしまう。今度は「ふくらはぎの勇者」が近づくと、老婆は右手で「ふくらはぎの勇者」を引っ張り、右膝で抑え込んでしまう。

　そこで「キセルの勇者」は老婆の油鍋をひっくり返すと、燃えている丸太を取り出して老婆を焼き殺し、二人を救い出す。三人が老婆の家に入ると、美しい娘が捕らわれている。キセルの勇者はその娘を妻にし、老婆の家で皆で暮らす。[13]

　これはヒマラヤ山脈の東部、インド東北部に近いブータン王国の中部に伝わる話である。ここには異常誕生の要素こそないが、全体としてみると岩手県の「こんび太郎」と酷似している。

　大きなキセルと刀は「こんび太郎」の鉄棒に相当し、途中で出会う「石割りの勇者」は「石子太郎」である。仲間の二人は順に化け物に負けてしまうが、主人公が化け物をたおして二人を救い出し、化け物に捕らわれていた娘を妻にするところも同じである。そしてこの話は、「マッサン」のように化け物を追って地下に降りるくだりを説かず、化け物を退治したところで物語は終わる。つまり、ほとんど「こんび太郎」なのである。

　まるで「こんび太郎」をリライトしたかのような話だが、ブータンは西南中国の少数民族地帯に続く地域で、西南中国に多様な「マッサン」が伝わっている以上、日本の昔話の改作だと考えるわけにはいかない。
　この物語のいまひとつ興味深い点は、両親が主人公を何度も騙すところである。両親は息子を何度も騙して自信をつけさせるが、このようなくだりは西南中国の「マッサン」で、怪力の息子を殺すために親が息子を何度も騙すくだりに対応している。ブータンでは計略が成功して息子は旅に出、西南中国では計略が失敗して息子は家を出るわけである。
　また、怠け者の主人公が突然怪力を発揮するというところも、日本の「山行き型・桃太郎」とつながるところがある。

カムチャツカの「力太郎」

　ところで、これと同じような話は、さらに意外な土地にも伝わっていた。それが東北シベリアのカムチャツカ半島北部に住む、コリャク（コリャーク）族の伝承である。以下に紹介する話は、東北シベリアの民族学に大きな功績を残したロシア生まれの民族学者、ヨヘルソン（一八五五〜一九三七）が、一九〇〇年に採録した物語である。

〈例話47〉
オオワタリガラスの夫が、妻に小さなクマを産むようにいう。妻はクマを産む。「クマの耳」と名づける。クマの耳は急速に成長し、男の子たちと遊んでは服を引き裂く。ある日、クマの耳が隣の子のコートを裂いてしまったので、怒った父はクマの耳を追い出す。

追い出されたクマの耳が一人で狩りをしていると、森を片方の掌に載せて運んでいる者と出会う。男はクマの耳という奴に勝つために鍛錬しているのだという。クマの耳はこの男を家に連れ帰る。またクマの耳は、山を片方の掌に載せて運んでいる者と出会う。やはりクマの耳に勝つために鍛錬しているというので、この男も家に連れ帰り、三人で暮らす。

三人で狩りをしていると、カマク（化け物か　引用者注）の持つトナカイの群れを見つける。クマの耳は一頭殺して持ち帰ろうというが、二人の仲間は嫌がる。クマの耳は恐れる必要はないといって、一頭殺して持ち帰る。

翌朝「森を運ぶ者」が一人で肉を調理しているとカマクが現れ、森を運ぶ者を押し倒して肋骨を折り、鍋から肉を取り出して食べて帰る。翌日、山を運ぶ者が一人で調理をしていると、カマクが来て同じように鍋の肉を食べて帰る。

翌朝、今度はクマの耳が一人でいるとカマクが飛びかかってくるが、クマの耳はカマクを押し倒し、その上に馬乗りになったまま鍋の肉を食べる。そのうちカマクの肋骨が折れたので逃がしてやる。森を運ぶ者と山を運ぶ者が帰ってきたので、クマの耳は自分が「クマの耳」であることを明かす。

翌朝、クマの耳は森を運ぶ者に戸を開けさせるが開けることができない。そこで山を運ぶ者に開けさせるがやはり開けることができない。クマの耳が戸口へ行き、片手で一押しすると戸は開く。見ると、カマクが来て山で戸をふさいでいた。クマの耳はカマクの家の戸をもっと大きな山でふさいでやろうと言って、三人でカマクの家に行き、戸を山でふさいでしまう。

三人はカマクのトナカイを山分けして別々の方向へ行く。クマの耳は両親の家に行く。父が呼びかけるが返事をしない。母が呼びかけると嬉しそうに返事をする。母は家に帰るようにいうが、クマの耳は帰らず、一人で暮らす。[14]

鳥がクマの子を産むとは奇妙な話だが、この地方ではオオワタリガラスは創造神にもなるトリックスター的な存在である。ここではまず主人公の異常誕生、異常成長、怪力のゆえの追放が語られる。

続く不思議な仲間（「森を運ぶ者」「山を運ぶ者」）との出会いと、一人の留守番、そこに化け物が現れて仲間は何もできないというくだりが、チベットや中国西南部、カザフスタン、さらには遠くヨーロッパの類話にも見えることは、すでに紹介したとおりである。この東北シベリアの片隅に伝わる物語も、チベットやヨーロッパの物語とつながっていたのである。

この話には、主人公が一人で化け物を撃退したあと、化け物がもう一度やってきて三人の家の戸を山でふさぐ、というくだりが見える。仲間が順に戸を開けようとするが開けることができず、主人公だけが開けることができるというのは、仲間が役に立たないことを示すものである。このようなくだりは中国の「マッサン」には見えないが、新潟県の「きじの子太郎」〈例話4〉にはこれがある。

「きじの子太郎」がお供を連れて鬼ヶ島へ行ったところ、鬼の子がいいさかなが来たといって、くろがねの門の中に入る。お供の三人が門を開けようとしても開けることができないが、きじの子太郎が門を蹴ると開く、というのがそれである。

さらに石川県加賀市の「桃太郎異譚」〈例話10〉の、戦後に採録された類話にも同じくだりがある。桃太郎の一行が鬼ヶ島に着くと鬼が金門を閉めたので、桃太郎はからすけ太郎と柿太郎に門を開けるように命じる。二人が順に門を蹴るが門は開かない。そこで桃太郎が蹴ると門は開いた。[15]

コリャク族の話では、その後三人はカマクの家を山でふさぎ、カマクのトナカイを山分けしたところで話は終わってしまう。つまり化け物の追跡から主人公の地下世界訪問、仲間の裏切りという「マッサン」の後半部分がすっぽりと欠落し、前半の化け物退治の部分だけが独立しているのだが、その点もブータンの類話同様、日本の「力太郎」と同じなのである。
それにしても、このような話がカムチャツカ半島の北部にまで、どのようにして伝わったのだろうか。『屍鬼物語』はモンゴル語や満洲語に訳されており、それが東北シベリアにまで伝わったのかもしれない。シベリアの少数民族の間にも、「マッサン」はさまざまな形で広く伝わっていそうだが、それは今後の課題である。

バスクの「力太郎」

それでは最後に、フランスとスペインにまたがるピレネー山脈西部の山麓地方に住むバスク人の伝える物語を見よう。

〈例話48〉
力持ちの息子のいる父親が、息子に踏みつぶされないか心配し、息子を殺そうと考える。父親は近くの小屋の人に頼み、息子を小屋まで使いにやるので、犬をけしかけて息子を殺してもらおうとする。息子はその犬を殺し、飼い主に犬をけしかけた理由を聞く。飼い主は父親の企みを話す。これを聞いた息子は、父親に一方の端に輪のついた鉄棒を作ってもらい、それを持って家を出る。

しばらく行くと、足に石臼をつけたまま狩りをしている狩人がいる。石臼を付けないと、兎よりも速く走ってしまうという。その狩人といっしょに旅をすることにする。やがて背中で岩を支えている男と出会う。岩を支えていないと、岩が落ちて村が粉々になってしまうという。二人が一緒に行こうと誘うと、その男も同行する。岩は落ちて村は粉々になる。三人で旅を続けていると、鍛冶屋の七つの鞴《ふいご》と一つの風車を鼻息で動かしている男がいる。その男も誘って四人で旅を続ける。

腹が減ったので牛を殺し、力持ちの息子が鉄棒で牛を刺して丸焼きにする。力持ちの息子が一人で牛を焼いていると、煙突から降りてきた小さい老人が牛に何度も唾を吐きかける。力持ちの息子は怒って老人と戦うが敵わず、仲間のところへ行って、料理番を代わってもらう。狩人が一人で料理番をしていると、また老人が現れて唾を吐く。老人と戦うが狩人も敵わない。次に岩を支えていた男が行くが、彼も老人に敵わない。最後に鼻息の強い男が料理番に行き、老人を鼻息で天井まで吹き上げて叩きつけ、打ちのめす。

牛を食べた四人はカリフォルニアの王様のところへ行く。王の元には足の速い女中がいる。王は牛の皮いっぱいの黄金を賭けて、狩人と女中がどちらが早く泉まで行って戻って来られるか競争しようという。競争中に狩人が眠ってしまったので、仲間が銃を撃って狩人の目を覚まさせる。鼻息の強い男が鼻息をかけて女中を遅らせる。こうして狩人が勝ち、四人は金をもらって旅を続ける。

ところが王は金を取り戻そうと、兵をつれて追いかける。兵隊が近づくと、四人（鼻息の強い男か?）は兵を地面に倒し、起き上がってもまた兵を倒したので、王はあきらめる。[16]

この話の前半部分はフランスの「熊のジャン」と似ているが、父親が息子に殺意を持つところは、むしろチベットや西南中国の「マッサン」に近い。旅立ちにあたって金棒を作ってもらうのも「熊のジャン」同様である。

この昔話の注目すべきところは、本来の話（AT三〇一B）の後半部分が失われ、代わりに別類型の「六人組の世界旅行」（ATU五一三）が結びついている点である。これは「AT三〇一B」の崩壊が進み、性質の異なる仲間（ここでは「鼻息の強い男」）が入り込んだため、肝心の化け物（小さな老人）をたおすのが、本来の主人公である力持ちの息子ではなくなってしまっている。この話は「AT三〇一B」の後半部分が脱落することを示す好例である。

周縁部の伝承

いまここにとりあげたブータンとコリャク、バスクに伝わる「力太郎」の類話は、お互いに遠く離れている。したがって、それぞれの間に直接的な関係があったとは考えられない。とはいえ、いずれも異常な力を持った（ブータンは怠け者）若者が旅の途中で次々に不思議な男たちに出会って仲間とし、化け物を退治するという同じような話である。しかも細部のモチーフにも共通点があり、とても無関係とは考えられないのである。このような一致をどのように考えればよいのだろうか。

非常に似た類話が遠方にある場合、これを一つの物語が伝わった「伝播」と見るか、同じような物語が偶然に生まれた「独立発生」と見るかという、二つの説明の仕方がある。もちろんこれは二者択一ではなく、時と場合によるものだろう。しかし先にも述べたように、細部のモチーフや要素の一致が多い場合、それがいかに遠方にあるものでも、独立発生はほとんどあり得ない。

ただ伝播説をとるにしても、注意しなければならないのは、現在の分布をそのまま線で結ぶような考え方はかえって真実を見誤ることになる、ということである。いま見ることのできる昔話の分布は、流行と衰滅を繰り返した昔話のうち、たまたま近年になって採録されたものの地点を示しているにすぎず、それらを線で結ぶことはほとんど無意味である。

本書で取り上げた「AT三〇一B」もそうだが、長い歴史を経、広い範囲に流行した昔話の場合、かつての流行はわずかな痕跡を残しているだけに過ぎない。特に一つのタイプ（昔話の類型）の中から新しいタイプ（サブタイプ）が生まれ流行したとすると、それは古いタイプを駆逐して広がることになり、結果として古いタイプは新しいタイプの周縁に残ることになる。

東アジアに限っていえば、「AT三〇一B」＝「マッサン」が中国でも少数民族地帯に伝わっているのはそのせいである。周縁部にわずかに残った伝承は、時代とともに崩壊し断片化し、やがて消えてゆくことになる。現在の昔話の分布は、流行と衰滅を繰り返す昔話の、一時代の断面を見ているにすぎないのである。

昔話の崩壊

本題に戻ろう。

ブータンとカムチャツカ、そしてバスク地方で採録された昔話が日本の「力太郎」と類似しているのは、単純な伝播では説明できない。まず考えておかなければならないのは、これらの物語の背後に、広大な領域に広がる共通母胎、つまり「AT三〇一B」があったということである。

ユーラシア大陸に広く伝わった「AT三〇一B」は、やがて中心部では新しいタイプ（AT三〇一A）に置き換わり、ユーラシア大陸の辺境部に残ることになった。先に紹介した中国の少数民族地帯に残る「マッサン」がそれであり、中央シベリアの消滅寸前のチュルイム語で記録された物語もその一例である。

このうちヒマラヤ山脈、カムチャツカ半島、日本列島など、もっとも僻遠の地に伝わった話は、それぞれの地域で孤立化し、本来の伝承が弱まるとともに断片化することになった。その中で、異常誕生児の化け物退治をいう前半部分が独立することもあった。「力太郎」の誕生である。

日本列島もまた、ユーラシア大陸からみると、相当の辺境であることを忘れてはならない。これが序章に紹介した、日本とブータン、カムチャツカ、バスクという遠隔地に伝わる話の一致、という謎の種明かしである。

注

［1］ Hans-Jorg Uther, *The Types of International Folktales*, (FF Communications, no.284), Helsinki, 2004, pp.176-179, no.301. ハンス＝イェルク・ウター［著］、加藤耕義［訳］『国際昔話話型カタログ　分類と文献目録』小澤昔ばなし研究所　二〇一六年　一五〇〜一五一頁

［2］Thompson, Stith. *The Types of the Folktale* (FF Communications no.184) Helsinki, 1981, p.93, no. 301B.

［3］関敬吾・川端豊彦［訳］『グリム昔話集（四）』（角川文庫）角川書店　一九六二年　一九〜二四頁。関敬吾はこの話の注で、この昔話と完全に一致する類例は知らないとしながら、「仲間が妨害する点をのぞくと、『力太郎』（集成・一四〇）、『なら梨採り』（同・一七六、一七七）など同一形式である」と述べている。

［4］崔仁鶴・厳鎔姫［編］田畑博子・李権熙［訳］『韓国昔話集成3』悠書館　二〇一六年　三四二〜三五三頁

［5］干宝［撰］竹田晃［訳］『捜神記』（東洋文庫）平凡社　一九六四年　二二七〜二二八頁

［6］劉守華『中国民間故事史』湖北教育出版社　一九九九年　二八八〜二九三頁

［7］エバーハルト［原著］馬場英子・瀬田充子・千野明日香［編訳］『中国昔話集2』（東洋文庫）平凡社　二〇〇七年　四四〜五二頁

［8］小澤俊夫［編］『世界の民話　東欧（Ⅱ）』ぎょうせい　一九七七年　七九〜八三頁

［9］新倉朗子［編］『フランス民話集』（岩波文庫）岩波書店　一九九三年　三四〜四三頁

［10］エスピノーサ［著］三原幸久［訳］『スペイン民話集』（岩波文庫）岩波書店　一九八九年　一九〇〜一九八頁

［11］坂井弘紀「中央ユーラシアと日本の民話・伝承の比較研究のために」『和光大学表現学部紀要』一六号　和光大学表現学部　二〇一六年　四五頁

［12］K・デイヴィッド・ハリソン［著］川島満重子［訳］『亡びゆく言語を話す最後の人々』原書房

二〇一三年　一七三～一七九頁
[13] Kunzang Choden; *Folktales of Bhutan*. Bangkok. 1993. pp. 133-135. クンサン・チョデン［著］、今枝由郎・小出喜代子［訳］『ブータンの民話と伝説』白水社　一九九八年　一六三～一六七頁
[14] Jochelson Waldemar; *The Koryak*, The Jesup North Pacific Expedition, Vol.6, Leiden-New York. 1905. pp.240-243. 荻原眞子『東北アジアの神話・伝説』東方書店　一九九五年　五七～六二頁
[15] 黄地百合子・大森益雄・堀内洋子・松本孝三・森田宗男・山田志津子［編］『南加賀の昔話』三弥井書店　一九七九年　一一三～一一四頁
[16] 三原幸久［編訳］『スペインバスク民話集　ラミニャの呪い』東洋文化社　一九八一年　九六～一〇一頁

終章　古代日本の「力太郎」

1. 甲賀三郎の物語

『神道集』の「諏訪縁起」

第四章でみたように、「力太郎」と「マッサン」のモチーフを比較してみると、「力太郎」が「マッサン」から分かれ出たものであることは間違いない。「マッサン」は、世界的な昔話の類型でいえば、「AT三〇一B」に該当し、さらにそれは「AT三〇一A」とともに、「ATU三〇一」に統合される。

では、このような巨大な伝承は、いつ、どのようにして日本列島にもたらされたのか。この疑問については、残念ながら答えることはできない。それはちょうど、古くから栽培されている稲や麦、粟などの農作物が、大陸からもたらされたものであるにかかわらず、渡来の経緯が不明であるのと似ている。

もっとも農作物であれば、考古学的に作物遺体を検出することができ、DNAの解析によってその系統を明らかにすることができるだろう。しかし物語の場合、それが特定の時代に流布していたことを示す証拠は、同時代の文献に拠る以外にはないのである。

ただ幸いなことに「ATU三〇一」については、すでに中世日本に伝わっていたことが明らかである。それは十四世紀に成立した『神道集』の「諏訪縁起の事」が、典型的な「ATU三〇一」であるからである。

〈例話49〉

甲賀郡の地頭、甲賀権守諏胤《こうがごんのかみよりたね》に三人の息子がある。諏胤は三男の甲賀三郎諏方《よりかた》を惣領に命じて亡くなる。やがて甲賀三郎は大和の国司となり、春日権守《かすがごんのかみ》の孫娘春日姫と結ばれる。

ある年、三郎が伊吹山で巻狩りを催した際、春日姫は化け物にさらわれてしまう。三郎は二人の兄と共に山々を探しまわり、やがて信州蓼科《たてしな》山の洞窟に姫が連れ去られたことを知る。

三郎は綱をつけた籠に入って穴の中に降り、あたりを探し回ると御堂で経をよむ姫を見つける。三郎は姫を救い出して籠に入れ、地上から綱を引かせて姫とともに地上に出るが、姫の忘れた唐の鏡を取りにもう一度穴の中に降りる。これを見た兄の甲賀次郎は、

> 三郎を穴の中で殺して春日姫を奪おうと綱を切らせる。次郎は春日姫を甲賀の館に連れ帰り妻にしようとしたが、姫は従わない。そのため武士に命じて姫を切らせようとしたが、姫は三郎の乳母の妹婿に救われ、次郎は春日権守によって打ち取られた。
>
> 穴の中に残された三郎は、好賞国《こうしょう》、草微国《そうび》、雪降国《せっこう》、草留国《そうる》など数多くの国々を遍歴し、最後に維縵国《ゆいまん》に至り、国王好美翁《こうびおう》の娘、維摩姫《ゆいま》と契りを結ぶ。
>
> 十三年後、三郎は好美翁の導きによって帰国することになる。好美翁は三郎に鹿の生き胆の餅を千枚渡すと、一日に一枚食べるように伝え、道中さまざまな障害を乗り越える方法を教える。こうして三郎は浅間の嶽に出る。
>
> 甲賀に帰った三郎は蛇の姿になっていたが、老僧の教示で維縵国の衣装（蛇の皮）を脱ぐことができ、人間の姿に戻る。三笠にいた春日姫と再会した三郎は諏訪大明神の上の宮となり、春日姫は下の宮となった[1]。

中世のいわゆる本地物語の一つである。原文では主人公たる甲賀三郎の地中遍歴の部分が異様に長いのだが、このように物語の骨子を取り出してみると、この物語が「ＡＴＵ三〇一」であることは疑いようもない。甲賀三郎の妻が化け物にさらわれ、三郎が兄とともに妻の行方を探すという展開は、先に紹介した「ＡＴＵ三〇一」の導入部のエピソード（1）に当たり、AT分類では「AT三〇一A」に該当するものである。[2]

細部のモチーフを見ても、姫が唐の鏡を忘れたために三郎がもう一度地下に入るというくだりはフランスの類話〈例話44〉に見え、地下世界から脱出する際に千枚の鹿の生き胆の餅を必要とするくだりは、ポーランドの類話〈例話43〉に見える山羊の細切れ肉を用意させるくだりと同じである。ユーラシアを覆う巨大な伝承は、すでに中世の日本にも届いていたのである。

「AT三〇一A」と「AT三〇一B」

ここでもう一度、タイプの問題について整理しておこう。「ATU三〇一」が冒頭のエピソードによって、三つに分かれることについては先に述べた。このうちエピソード（1）、つまりある娘が化け物によってさらわれ、彼女を救うために英雄が化け物を追跡するところから始まるタイプが「AT三〇一A」である。

一方エピソード（3）、つまり異常誕生した英雄が旅の途中で不思議な仲間に出会い、そこから化け物退治につながるタイプが「AT三〇一B」で、本書でいう「マッサン」はこれである。

「ATU三〇一」にはもう一つ、三人兄弟が王の庭からリンゴを盗む怪物を追いかけるところから始まるタイプがあるが、これについてはここでは触れない。

　さて、この「AT三〇一A」と「AT三〇一B」だが、東アジアにおけるこの二つのサブタイプの分布には大きな違いがある。「AT三〇一A」は中国大陸全域から朝鮮半島にまで広がっているが、「AT三〇一B」の方は、中国大陸辺境部の少数民族地帯を中心に散在し、漢民族や朝鮮半島にはほとんど見えないのである。

　問題は日本である。日本では「AT三〇一A」は昔話としてわずかに伝わっているが[3]、何といっても先に紹介した、中世の説話集『神道集』の「諏訪縁起の事」がまさに、その典型的な事例なのである。

　本書の主張は、日本には「AT三〇一A」以外にも「AT三〇一B」が流行した時代があり、「力太郎」や「山神講由来」は、中国大陸に流布していた「AT三〇一B」、つまり本書でいう「マッサン」がその母胎であった、というところにある。

　ただそうなると、大きな疑問が生じる。東アジアにおける「A」「B」二つのサブタイプの分布を見ると、「A」は漢民族を含めて広く伝わっているのに対し、「B」は大陸の辺境部にしか伝わっていない。これを分布論から見ると、「B」の方が古い時代に広がり、「A」がその後に流行したと見るのが適当である。

　ところが日本では、「AT三〇一A」はすでに南北朝時代に成立したといわれる『神道集』

にみえ、圧倒的に古いのである。もっとも日本に伝わった物語のすべてが記録されていたはずもなく、たとえば中世や近世に「AT三〇一A」とは別に「AT三〇一B」が伝わり、そこから「力太郎」や「山神講由来」が派生した、というシナリオも充分に考えることができよう。しかし私は、「AT三〇一B」はすでに古代の段階で日本に伝わり、その記録も残っていると考えている。

では、古代日本に「AT三〇一B」が伝わっていたことを示す記録とは何か。私が日本最古の「AT三〇一B」と考えるのは、記紀の伝える神武天皇東征伝説、つまり日本の建国神話なのである。[4]

2. 神武天皇東征伝説

イハレビコの東征

これについては、いささか説明がいるようである。まず『古事記』に従って、神武天皇（イハレビコ）の東征にいたるまでの経過を簡単に紹介しておこう。

天孫ニニギノミコトは天照大御神の命を受け、筑紫《つくし》の日向《ひむか》の高千穂《たかちほ》の久士布流多気《くじふるたけ》に降臨した。ニニギノミコトは土地の神の娘コノハナサクヤヒメを娶り、ホデリ・ホスセリ・ホヲリという三人の子を得た。このうちホデリは海幸彦として海で魚を獲り、ホヲリは山幸彦として山の獣を獲った。有名な海幸彦と山幸彦である。ホヲリは兄ホデリに借りた釣り針を失い、それを探すために海神《わだつみのかみ》の宮を訪れ、海神の娘トヨタマヒメと結婚する。二人のあいだに生まれたウガヤフキアヘズノミコトは、叔母にあたるタマヨリヒメ（トヨタマヒメの妹）を娶り、イツセノミコトほか四人の子を得た。その末子のイハレビコこそ、後の神武天皇である。さて――

〈例話50〉

――イハレビコは日向国から、兄イツセノミコトと共に東征する。途中、亀の背に乗り、釣りをしながら羽ばたいて来たサオネツヒコと出会い供にする。浪速《なみはや》（難波）の渡から白肩津《しらかたのつ》に至ったとき、ナガスネビコの軍と戦い、兄イツセノミコトが負傷する。このため海に戻って南に迂回することにするが、紀伊国でイツセノミコトが没する。

熊野に至ると大きな熊が現れ、イハレビコも兵も気を失って倒れる。土地の高倉下《たかくらじ》が天より降った神剣を捧げたところ、イハレビコは目を覚まし、熊野の悪神も切り倒される。高木の大神が遣わしたヤタガラスの後に従い、吉野川の下流に出る。魚を捕る「贄《にへ》持之子《もつのこ》」、光る井戸から出てきた尾のある「井氷鹿《いひか》」、岩を押し分けて出てきた尾のある「石押分之子《いはおしわくのこ》」と次々に出会う。

宇陀でエウカシがイハレビコを陥れようと謀るが、弟のオトウカシの助けによってエウカシを退治する。忍坂《おさか》の大室《おほむろ》で尾のある土雲《つちぐも》のヤソタケルを食事に招いて討つ。さらにナガスネビコ、エシキ・オトシキを討つ。ニギハヤヒノミコトが降《くだ》ってくる。イハレビコは白檮原《かしはらの》宮で即位した。[5]

神武東征伝説と「AT三〇一B」

この話のどこが「AT三〇一B」なのかと言われそうである。しかしこの話のモチーフの連鎖をよく見てほしい。

まずイハレビコの父はウガヤフキアヘズで、祖父は山幸彦（ホヲリノミコト）である。山幸彦の妻は海神の娘トヨタマヒメである。トヨタマヒメは出産にあたって、夫に産室を覗かないよう念を押したが、夫が覗いてみると、ワニの姿になって出産していた。これは有名なメルジューヌ型説話（覗き見のタブーを犯したために異族の妻が去る）で、トヨタマヒメの正体はワニだったわけである。

彼女はわが子ウガヤフキアヘズを残して去ったが、後にウガヤフキアヘズは、トヨタマヒメの妹タマヨリヒメを妻にして、イハレビコほかの子をもうける。イハレビコ（神武天皇）は天神の子孫だが、母と祖母がワニ、つまり異族との婚姻によって生まれた異常誕生児だったことになる。

次いでイハレビコは、兄と共に旅に出る。途中で亀の背に乗って羽ばたきながら現れたサオネツヒコが現れお供になる。これは「不思議な仲間」というべき存在である。

大和に入ったイハレビコは、まずナガスネビコと戦い兄が負傷したため、紀伊半島を海岸に沿って迂回し、熊野に上陸する。ここでまず兄が戦って負けるのは、「弱い仲間」なのかもしれない。もっとも「ATU三〇一」では主人公が化け物に反撃し、逃げ出した化け物を追いかけることになるが、『古事記』ではイハレビコ一行は形勢を挽回するために逃げることになっている。

問題は熊野への迂回である。イハレビコが紀伊半島を迂回することについては、いろいろな見解があるが、私はこのくだりこそ「ATU三〇一」の地下世界への旅に対応するものだと考えている。熊野は一種の異界であったから、異界訪問を現実の地理に投影したのである。ちなみに熊野上陸後にイハレビコは悪神に苦しめられるが、イハレビコは地元のタカクラジが献じた神剣フツノミタマによってこれをたおす。これも「ATU三〇一」の、地下世界に下りた主人公が宝剣を獲得し、これを用いて化け物を退治するくだりに対応している。

次に山中に入ったイハレビコは道に迷うが、高木の大神が遣わしたヤタガラスの導きによって山中から脱出する。「ATU三〇一」において、主人公を穴の中から救い出すのが、多くの場合鳥であったことは、今までに挙げた多くの例話が示す通りである。

さらに吉野川に出たイハレビコの前には、魚を捕る「ニヘモツノコ」、光る井戸から出てきた尾のある「イヒカ」、岩を押し分けて出てきた尾のある「イハオシワクノコ」といった奇妙な者が次々に現れる。出現するのは遅いが、これも先のサオネツヒコと並んで、「不思議な仲間」というべき存在であろう。しかもその中には、岩の中から出現する人までいるのである。ただ「ATU三〇一」と違い、ここで出現した「不思議な仲間」は、イハレビコを裏切ることはない。

そのあとイハレビコは、大和の在地の豪族たちを次々にたおして即位し、神武天皇となる。この部分は建国の英雄にふさわしいエピソードというべきであろう。

さらに面白いことに、神武の没後、その庶子たるタギシミミが神武の后であったイスケヨリヒメを娶り、ヒメと神武のあいだに生まれた異母弟である皇子を殺そうとする。これに対して末弟のカムヌナカワミミが、次兄のカムヤイミミと共にタギシミミを殺すというくだりがある。これについて、人類学者で説話に詳しい金関丈夫（一八九七〜一九八三）は、この部分は神武伝の本話から後方へハネ出されたものだと述べている。[6] 卓見というべきである。この部分は人間関係こそ次の世代に移っているが、帰還した弟が裏切者の兄に報復するという「ATU三〇一」の結末に対応する話なのである。

これをまとめてみると、次のようになる。すなわち『古事記』の神武東征説話には、

異常誕生＋不思議な仲間＋弱い仲間（？）＋異界訪問（熊野迂回）＋宝剣獲得＋化け物退治＋不思議な仲間（岩から出現する男）＋鳥の援助（異界からの脱出）＋報復

というモチーフの連鎖が見える。これはまったく「AT三〇一B」と一致する。

ところで第二章で、関敬吾が「力太郎」を「ATU五一三」、つまり「六人組の世界旅行」とみなしたことを批判的に紹介した。しかし「力太郎」と神武東征伝説を同系であると最初に指摘したのは、関敬吾である。

関は「桃太郎」の源流について述べた「桃太郎の郷土」（一九七二年）という論文のなかで、「神武東征伝説ははなはだ複雑でかつ雄大な英雄伝説であるが、その構造、理念はむしろこのちから太郎と一致し、現在の伝承はこれと歴史的な関係をもつものであらう」と述べている。[7]

神武東征伝説の研究史のなかではほとんど取り上げられることのない指摘だが、私は正鵠を

射たものであると考えている。

3.「力太郎」の系譜

『ちからたろう』の絵本から出発して日本の「力太郎」の展開を見、類話を大陸に求めて中国大陸辺境部の少数民族地帯に伝わる「マッサン」を検討した。その後、日本の「マッサン」を求めて再び日本に戻り、琉球諸島の来間島から東北地方まで北上した。そして今度は「マッサン」の根源を求めてヨーロッパに向かい、「マッサン」の母胎というべきユーラシア大陸を覆う巨大な伝承を見た。そして最後に「神武天皇東征伝説」にまでたどり着いたわけである。

ユーラシアにまたがる巨大伝承「ATU三〇一」は、すでに古代の日本に伝わっていたようである。「AT三〇一A」は、典型的な形で中世の『神道集』に見え、さらに「力太郎」につながる「AT三〇一B」も、すでに記紀の「神武東征伝説」に見えるものであった。それは建国神話になるほど重要な伝承であったのである。

もっとも、古代に流布していた「AT三〇一B」が、ただちに現代の「力太郎」や「山神講由来」に結びつくかどうかは分からない。中世や近世にも説話の流入があり、その中に「AT三〇一B」、つまり「マッサン」があった可能性も否定できないからである。

しかし本書を通して述べたように、昔話「力太郎」は、中国大陸の辺境部に伝わる「マッサン」につながるものであった。そして「マッサン」と「力太郎」の背後には、共通母胎として「AT三〇一B」の伝承があった。それはさらに、「AT三〇一A」と撚り合わさってユーラシア大陸全域に広がる巨大伝承、「ATU三〇一」を構成する。その大きな波は、古代以来いくども日本に打ち寄せていたと思われる。

注

［1］貴志正造［訳］『神道集』（東洋文庫）平凡社　一九六七年　二三八〜二八六頁

［2］福田晃は『神道集』の「諏訪縁起」（諏方系）を「AT三〇一A」に対応するとしながら、これとは別系統の兼家系「諏訪の本地」を「AT三〇一B」に対応するとしている（福田晃「諏訪縁起・甲賀三郎譚の源流　その話型をめぐって」、『立命館文学』一九八二年八・九号　九一六〜九二二頁）。兼家系「諏訪の本地」が『神道集』の「諏訪縁起」と違い、魔王退治を強く主張するためだが、そこでは主人公の異常誕生を説かず、また不思議な仲間との出会いもない。したがって本書にいう「マッサン」＝「AT三〇一B」の系統を引いた物語とは思い難い。

［3］関敬吾『日本昔話大成7』角川書店　一九七九年　二二三〜二二九頁。本格新話型二一　甲賀三郎

［4］斧原孝守「神武東征伝説の源流　昔話「奪われた三人の王女」（ATU301）との比較」『東アジアの古代文化』一二六号　大和書房　二〇〇六年　一五九～一七五頁
［5］倉野憲司・武田祐吉［校注］『古事記　祝詞』（日本古典文学大系1）岩波書店　一九五八年　一四一～一六一頁
［6］金関丈夫『木馬と石牛』（角川選書）角川書店　一九七六年　六四～六七頁
［7］関敬吾「桃太郎の郷土」、『澤田四郎作博士記念文集』澤田四郎作先生を偲ぶ会　一九七二年　二八三頁

あとがき

まさか「力太郎」について、一冊の本を著すことになろうとは思ってもみなかった。ことの発端は、小島璎禮《よしゆき》先生の主宰される比較民俗学会で、モンゴルの説話集『シッディ・クール』の共同研究に参加したことに始まる。三十数年前のことである。『シッディ・クール』の一話に、「マッサン」という面白い話があった。マッサンという牛頭人身の男を主人公とする冒険譚である。その後、中国の民間故事（昔話）を読んでゆくうちに、少数民族のあいだに同じような話がいくつもあることに気がついた。私はこれを勝手に「マッサン」と名づけて親しんできた。本書でこのタイプについて、いささか強引ながら「マッサン」と呼ぶことにしたのは、そのような事情があったからである。

それからだいぶたって、『加賀昔話集』（岩崎美術社刊）の「桃太郎異譚」を読んだところ、「マッサン」に近いと感じた。この話は「桃太郎」の原型といわれてきたものだが、形の上ではむしろ「力太郎」に近い。「力太郎」もまた、「マッサン」につながるのではないか。そのように思うに至った。

二〇一六年の秋、アジア民間説話学会の国際大会が、北京の中央民族大学で開催された。テーマは「異常誕生譚」だった。タイトな日程だったが、「力太郎」と「マッサン」の問題について発表することにした。中国少数民族教育の中心たる中央民族大学で、少数民族に伝わる昔話と日本の「力太郎」の関係について発表できたことは、心躍る経験だった。

その時の感動をテコにして、翌年、「力太郎」は中国西北部の少数民族が伝える「マッサン」につながるもので、「桃太郎」とはまったく別の話であるという小論を発表した（「昔話『力太郎』とは何か　中国西北少数民族の伝承との比較から」『比較民俗学会報』第三七巻第四号　二〇一七年）。これが本書の大きな柱になった。

一つのテーマを追求してゆくと、次々に新しい発見があるものである。「力太郎」を追及しているうちに、変わり種の「桃太郎」とされてきた「山行き型・桃太郎」もまた、「マッサン」と無関係ではないことに気がついた。同じ「マッサン」でも「力太郎」は中国西北部の少数民族に伝わる類話につながるが、「山行き型」は西南部の少数民族が伝える類話につながる。

おそらく中国大陸には、かつて「マッサン」の母胎となるような大きな伝承があった。それが現在、中国西北部と西南部に分かれて残っているのではないか。そして日本にも、「マッサン」は伝わっていたに違いない。「力太郎」や「桃太郎異譚」、「山行き型・桃太郎」などは、その前半部分あるいは断片が残ったものなのではないのだろうか。そのように考えてみると、これらの物語の類似に説明がつく。しかし問題は、「マッサン」という物語が、まとまったかたちで日本に伝わったことを示す証拠がないことであった。日本に伝わった「マッサン」は、もう、消えてしまったのだろうか。

ところが四年前、たまたま日本口承文芸学会の古い発表資料を見ていたとき、宮古群島の来間島の伝説が「マッサン」の全体像を示すことを発見して驚いた。また、これが「山神講由来」という昔話として、西日本を中心に伝わっていることもわかってきた。そこに、かねてから抱いていた仮説——記紀の「神武東征伝説」の下地には、「AT三〇一B」つまり「マッサン」があるのではないか——が結びついて、全体がつながった。

コロナ禍に入る直前の十二月、来間島を訪れた。昔は浜に着くと小舟から飛び降りるしかなかったというが、今では宮古島から左右に絶景を眺めつつ、来間大橋を渡り簡単に訪れることができる。クリスマスが近いとは思えないほどの暖かさのなか、来間プーイと呼ばれる祭りが行われる広場を探した。やがてたどりついた小さな広場は、木立の下に静まりかえっていた。中国の奥地に伝わる「マッサン」が、たしかにこの島にまで伝わっていたことに思いを馳せながら、ユーラシアに伝わる昔話の不思議さを思った。

奈良に帰ってすぐ、来間島の村建由来譚が大陸の「マッサン」につながることについて小文をまとめた（「『来間島村建由来譚』の問題―チベットの『屍鬼故事』から宮古群島の伝承まで―」『比較民俗学会報』第四〇巻第四号　二〇二〇年）。これが本書のもう一つの柱である。

昨年の夏は異常に暑く、家に籠もる日が続いた。思いたって、懸案であった「マッサン」について、「力太郎」を軸に論じてみることにした。「力太郎」「桃太郎異譚」「山行き型・桃太郎」「山神講由来」などと呼ばれ、それぞれ別個の話とされている昔話が、いずれも中国大陸の「マッサン」という伝承から分かれたもので、その背後にはまたユーラシア的な母胎があるという、大きな見通しを述べてみたいと思ったのである。ひと夏かけて、ほぼ本書の全体を書き上げることができた。

私が昔話の世界的な比較研究に魅かれるのは、高校で長らく世界史を教えてきたことと無関係ではないと思う。概説的なものであるにせよ、毎年、人類の起源から第二次世界大戦後の世界まで、世界史のあれこれについて話すことは、何事も世界史の文脈で考えるという習慣を与えてくれた。本書もそのような視点から（力不足のせいで東アジアが中心になってしまったが）、「力太郎」を世界的に考えてみようとしたものである。

一昨年、『猿蟹合戦の源流、桃太郎の真実』と題し、東アジアに日本の「五大昔話」の源流を探った本を上梓した。思いがけないことに、卒業生の何人かが、いろいろなかたちで感想を寄せてくれた。教師のはしくれとして、これほど嬉しいことはない。本書もまた、彼ら彼女らの目に触れることを望んでやまない。

前著に続いて本書も、三弥井書店の吉田智恵さんのお世話になった。心からお礼申しあげたい。そして今回もまた、一般読者の第一号として、妻の英代に原稿を読んでもらった。妻は克明に原稿をチェックしてくれ、説明不足なところや冗長な部分を指摘してくれた。おかげで、われわれの「共同作業」の一冊を、こうしてまた世に送ることができた。心より嬉しく思っている。

二〇二四年五月

斧原　孝守

〔追記〕

田島征三画伯の格別なご厚意により、本書に「ちからたろう」の原画を使用することをお許しいただきました。おかげで、迫力に満ちた力太郎の姿で装丁を飾ることができました。ここに記して感謝申し上げます。

索　引

【え】

【お】

【か】

【き】

【く】

【な】

【に】

【ね】

【の】

【は】

【ひ】

【ふ】

【へ】

【ほ】

【ま】

【み】

【む】

【め】

【も】

著者略歴

斧原　孝守（おのはら　たかし）
1957年、大阪市生まれ。立命館大学文学部（東洋史学専攻）卒業。兵庫教育大学大学院修士課程修了。元奈良県立高等学校教諭。元奈良県立大学シニアカレッジ講師。比較民俗学会。日本口承文芸学会会員。専門は比較説話学、特に東アジア諸民族の神話・昔話の比較研究。著書に『猿蟹合戦の源流、桃太郎の真実』（三弥井書店 2022年）。論文に「東アジアの諸民族の『穀霊逃亡神話』（『新嘗の研究 第七輯』慶友社刊）、「東アジアの『脱皮型 死の起源神話』―その分布と系統について―」（『モノ・コト・コトバの人類史　総合人類学の探究』雄山閣出版刊）、「東アジアから見た『赤ずきん』の原型」（『グリムと民間伝承』麻生出版刊）、「人食い妹（ATU315A）考」『文化英雄その他』（楽瑯書院刊）ほか。

昔話「力太郎」ユーラシアを翔ける　比較民話学の試み

2024（令和６）年９月27日　初版発行

定価はカバーに表示してあります。

Ⓒ著　者　　斧 原 孝 守
発行者　　吉 田 敬 弥
発行所　　株式会社 三 弥 井 書 店
〒108-0073 東京都港区三田3-2-39
電話03-3452-8069
振替00190-8-21125

ISBN978-4-8382-3420-2 C0039　　整版・印刷　富士リプロ株式会社